日中平和友好条約締結45周年記念

中国留学物語《エピソード》

Studying Abroad in China

本書編集委員会 編

日本僑報社

高等教育出版社
HIGHER EDUCATION PRESS

目次

第一章　友情編

第二章　生活編

第三章　体験編

第一章 友情編

Studying Abroad in China

私にとって中国留学とは何だったのか？

衆議院議員　近藤 昭一（北京語言大学）

顧さん一家には本当に家族同様に大事にかわいがってもらいました。中国では、一度会えば、老朋友（古くからの友人）とされて、真の友人を「自己人」と呼びます。顧さん一家と私たちは、まさしく自己人でした。

社会制度や習慣の違う国を見てみたい。多くの人が関心を持ち、海外旅行をするきっかけでもあると思います。私は日本を見つめるため、自分自身を見つめるため、じっくりと、ほかの国に住んでみたいと思いました。

それを実現するため、私は、大学時代に休学をして、一九八一年九月から一九八三年二月まで北京に留学しました。当時は、まだ中国に留学する学生は多い時代ではありません。一方で、英語圏などと異なり、外国からの学生を受け入れる学校も多くはなく、限られた学校に集中していました。また、私の場合は語学留学ということもあり、当時も今も外国人への中国語教育で最も優れた学校のひとつである北京語言学院（現在の北京語言大学）に留学しました。

私が中学生だった頃、国交正常化が実現し、全国で記念物産展が開かれ、空前の中国ブームが起こりました。毛沢東語録がはやり、多くの人が関心を持つ、ある意味で神秘の国でした。なぜ、それまで国交がなかったのか。中国の人はどんな生活をしているのか（失礼な話ではあります）、大いに興味を持ちました。

万里の長城に登った筆者

留学した私は、極力授業だけではなく、多くの中国の人と接したいと思いました。同時に、この機会を利用して、他国からの留学生とも交流したいと努めました。シリア、タイ、カンボジア、ペルー等々、ＰＬＯの学生も来ていました。

しかし、当時の中国は、まだ改革開放の初期でもあり、外国人に、日常の生活をさらしてくださるような方はなかなかいません。そんな中、北京に到着した、その日から、親身に付き合ってくださったのが顧士元さん一家です。元々、北京の美術彫塑工場の技術者の方で、我が家との関係は、南京―名古屋の友好都市提携記念で南京市から名古屋市に「華表」（石柱、標柱）が贈られたのがきっかけでした。これは、同市の郊外にある梁朝（六世紀）時代のものの複製ですが、製作されたのは北京の工房で、その技師として来日したのが顧士元さんでした。顧さんが、留学のため中国に渡った私を北京空港に迎えに来てくださった時のことは、一生忘れられません。実は、私の中国語は、第三外国語で一年勉強しただけですから、会話は全く通じず、とても、顧さんと話が出来るようなものではありませんでした。ですから、顧さんがクルマで迎えに来てくださり、日本語の出来る先生が同乗してきた学校手配のマイクロバスに乗る他の留学生の人たちと離れるのは大いに不安だったのです。そんなク

中国留学経験者の集いで挨拶する筆者

ルマ（当時、中国で多かった「上海」）の中、話題もなく、中国語も出来ない私が、何か話さなければと、発したのが「这是你的汽车吗？」（これは、あなたのクルマですか？）でした。よく考えれば、わかったはずなのですが、中国では当時、個人所有のクルマは存在しませんでした。その時の顧さんの戸惑った表情は今も鮮明に思い出されます。

顧さんは、「中国には、個人のクルマはない。個人的に運転免許を持っている人もいない。このクルマは会社のクルマであり、運転しているのは会社のドライバー、今日は休みをとって来てもらった」と。ただ、中国語のほとんど出来ない私は何を言っておられたのか、その時は分からず、後日、顧さんのおうちに招かれた時に分かったのでした。一緒に行ってくれた、日本人の友人が通訳してくれて、一同、大笑いとなりました。その友人は、暫く北京にいた後、浙江省の美術学院に移って行ったのですが、大いに助けられました。

顧さん一家には本当に家族同様に大事にかわいがってもらいました。泊まりにも行きましたし、顧おじさんと、二人で自転車をこいで夕涼みに天安門広場などに行きま

した。もちろん、帰国する際には、家族総出で送ってくださいました。実は、中国では、一度会えば、老朋友（古くからの友人）とされて、人によっては、なんだと言われる方もおられるのですが、中国では、真の友人を「自己人」と呼びます。顧さん一家と私たちは、まさしく自己人でした。私が帰国した後、顧さんの息子さん、お孫さんが、日本に留学した際には、父が保証人を務めました。

　留学から帰国した後、新聞社時代、政治家になってからと、時々、中国に訪問するのですが、毎回、必ずホテルに会いに来てくださり、母へのお土産をくださるのです。また、都合がつく時には、食事に呼んでくださいます。しかし、驚くのですが、私の留学生時代は、当時の中国では、個人経営などの民間レストランは皆無で、中華人民共和国が成立する以前からある、いわゆる老舗の店が、国営である他は、数少ない簡素な食堂があるだけでした。それも、夜はほとんど営業していなかった気がします。それが、今では、先進国と言われる多くの国と変わらない、おしゃれな民間レストランが溢れ、そうしたお店の個室で顧さん一家がもてなしてくださるのです。そして、私が北京に着いたばかりの時に恥ずかしい思いをした、個人所有のクルマで迎えに来てくれるのです。正直言って、こんなに早く経済的な発展を遂げるとは想像だにしていませんでした。地方と都会の格差が課題ではありますが、その急速な経済発展には目を見張るばかりです。鄧小平さんの進めた改革開放政策の成果とそれこたえた人々の力なのだと思います。

　留学から、三十年以上が経ちました。きっかけをつくってくれた父はいませんが、顧さんとの交流は、世世代代と続きます。これからも、日本人と中国人との関係がｗｉｎ－ｗｉｎの関係で深く発展していくように、頑張っていきたいと思います。

近藤 昭一（こんどう しょういち）

衆議院議員（八期）、立憲民主党企業・団体交流委員長、中国留学経験者同窓会会長、立憲フォーラム代表。環境副大臣（菅第一次改造内閣・菅第二次改造内閣）、衆議院総務委員長、衆議院懲罰委員長等を務めた。

一九五八年五月二十六日愛知県名古屋市中村区生まれ。愛知県立千種高等学校、上智大学法学部法律学科卒業。大学時代には、中国の北京語言学院へ留学。卒業後、中日新聞社に入社した。

赤い羽根がくれた幸せ

大学院生　乗上　美沙（大連楓葉国際学校）

私は中国の人々の深い愛情と友情で、日本の震災への募金活動を成し遂げられたことに気づき、素晴らしい人々に恵まれている幸せを感じた。自分が勝手に作ってしまった壁は、いつの間にか消え去っていた。

二〇一一年三月十一日。東日本大震災があったその日、私は大連のインターナショナルスクールに通う高校一年生として、何気ない一日を過ごしていた。単身留学ももう七年目。とうに慣れた大連の地で、いつものように日本料理屋でアルバイトをしていた。

当時住んでいた寮にテレビはなく、接客の合間にアルバイト先でテレビを見ることは楽しみの一つであった。

その日もテレビを見ていると、信じられない光景が映し出されていた。大量の茶色の水が、街を飲み込み、避難所には老若男女が溢れていた。突然知った母国・日本の災害に動揺を隠せず、私は衝撃のあまり言葉を失い、ただテレビに映る母国の悲惨な姿を見ることしかできなかった。皆、大丈夫だろうか――届きもしないテレビの向こう側に、私は心で語りかけることしかできなかった。

2013年、高校の卒業式にて

次の日学校へ行くと、当時全校生徒の約〇・五％にも満たない小さい日本人コミュニティーは、東日本大震災の話でもちきりだった。全員高校生の私たちは、すぐに日本に帰国して現場の力になりたいという衝動を抑えながら、中国で何もできない自分たちに対して、もどかしさを感じ始めた。被災地のために、日本のために、何かできないだろうか。お金も、物資も、何もない私たちに何ができるだろうか。

　すると、一人の友人が、「学校で募金を募ってみない？」と小さく呟いた。当時私たちが通っていたのは、現地のカナダ系インターナショナルスクールで、在校生はほとんど裕福な家庭の中国人であった。その意味で、募金活動は最適なアイデアだと思った。しかし、その提案を聞いた私は、すぐに同意することはできなかった。「本当に日本のために募金してくれるだろうか？」その直後に私が頭に浮かんだのは、この問いだった。

　二〇〇四年に単身留学を始めた私は、同じインターナショナルスクールで中学、高校と進学してきた。小学生の頃は、「日本人」「中国人」といった意識を誰もすることはなかったが、それは中学に入ってから変わった。歴

筆者が通っていた学校

史教科書の一章の文量を使用されて行われた抗日戦争についての一連の歴史の授業は、私と同級生の間に「日本人」「中国人」という壁を易々と作った。
その考えは高校生の頃も続いた。だからこそ、友人が募金を提案した時、私は中国人が快く募金してくれるとは思わなかった。分かり合えることですら難しいのであれば、日本のために何かしてくれることなど期待できないのではないかと、そう考えていた。
被災地支援の方法が決まらないまま、私たちはとりあえず先生に相談しに行くことにした。恐る恐る話し始めると、先生は頷きながら、二つ返事で募金活動に賛成してくれた。先生のサポートを得て、私たちは募金用の箱を用意し、募金してくれた人に渡すために、赤い羽根のブローチを手作りした。
不安と緊張に包まれながら、募金活動の一日目を迎えた。放課後に募金用の箱を持っていくと、そこには既に沢山の人が集まっていた。一人、また一人、生徒も先生も関係なく、皆丁寧にそれぞれの思いを箱に入れていった。「募金する機会を作ってくれてありがとう!」「隣国が大変な時には助けなきゃ」かけてくれた言葉の一つ一つに優しさが溢れていて、私は次第に胸が熱くなっていった。言葉を詰まらせながら、ありがとうと声をかけていくことで精一杯だった。

一週間続いた募金活動を終えた頃には、募金箱も重くなっていて、私たちは途中から募金活動を一緒に手伝ってくれる何名かの中国人同級生に囲まれていた。大連赤十字にお金を届ける日本人の友人を見送った時、私は被災地に募金ができた達成感を感じていた。そして、改めてキャンパスを見渡すと、ほとんどの人が赤い羽根を身につけていたことに気がついた。

この時総額いくらの募金が集まったかはもはや忘れてしまったが、赤い羽根が太陽の光を浴びて輝いていた情景は、今でも忘れられない。あの瞬間、私は中国の人々の深い愛情と友情で、自分たちが今回の募金活動を成し遂げられたことに気づき、素晴らしい人々に恵まれている幸せを感じた。中国人が日本人のために何かしてくれることはないと思い込んでいた、自分が勝手に作ってしまった壁を、目の前に広がる赤い羽根が、いつの間にか消し去っていた。私の心は、いつしか中国人に対する感謝の気持ちと穏やかな幸福感に包まれるようになっていた。

乗上　美沙（のりがみ　みさ）

早稲田大学法学研究科博士課程。大阪府出身。小学四年生から高校卒業まで中国・大連にて単身留学。卒業後は帰国し、早稲田大学法学部にて学士を取得。在学中に日中学生会議に参加するなど日中友好の活動に積極的に関わる。二〇一八年四月より早稲田大学院にて国際人権法を専門に研究を行う。「麻辣燙」と「過橋米銭」が大好きで、趣味は中華料理屋巡り。

最高のタクシー運転手

大学生　田上　奈々加（上海師範大学）

私の中国に対するイメージを変えてくれたのは、留学生活初日に出会った、一人のタクシー運転手だった。たくさんの優しい中国の方々との出会いを経て、自分の目で見て体験することの大切さを学んだ。

「ネットの情報を鵜呑みにしてはいけない」という言葉があるが、中国に留学に来て以来、この言葉の正しさを、身をもって体験した出来事がある。

初めての中国での留学生活、その初日に出会った、一人のタクシー運転手のことを私は今でもはっきりと覚えている。

上海で留学生活を始めたのは二〇一八年九月四日から。元々違う都市への留学を希望していたため、六月ごろ留学先が上海に決定した時は少し落胆した。九月の出発に向けて留学の準備を進めていく中で、さらに気落ちする情報をネットで見つけた。ある留学情報サイトに、「仕事に忙しく、生活ペースが速い上海の人間は冷たい」や「上海のタクシー運転手は危険!?」などと書いてあったのだ。さらに上海に留学していた先輩や先生方と話して

中国人の友達と貴州旅行中

いると、彼らは口をそろえて「上海の人は怖い」と言っていた。私の専攻は多文化社会学で、第二言語も韓国語を選択していたため、中国や上海についての予備知識が全くない状態だった。それ故に、何が本当で何が嘘なのかも判断ができず、この情報を信じないようにしようと心掛けていたが、出国が近づくにつれ、留学することのワクワクさよりも「上海に留学するのは不安だな」という気持ちが大きくなっていた。

上海に足を踏み入れた当日は、やはりとても緊張していた。私は一年間独学で中国語を勉強したので、読み書きは出来るが、話すことはあまりできなかった。そのため、夕方五時ごろ空港に到着し、すぐに空港バスに乗らなければいけないというのにバス停を見つけることが出来ず、外貨窓口に聞きに行くものの、目的地の上海南駅を存在しない上海北駅と言い間違え、伝わらず変な顔をされた。ようやく見つけたバス停では、並んでいるのにどんどんと追い越され、さらには二つの巨大スーツケースをバスに積んでいる際に発車しようとしてしまった。正直、この時点で私の心はすっかり折れていた。だんだん暗くなっていく上海の街並を見ながら、自分の中国語

内モンゴルの砂漠でラクダに乗った

の出来なさに対する悔しさと、助けを求めたくても言えないもどかしさで泣きそうだった。

目的地の上海南駅に到着したころは、辺りは既に真っ暗だった。歩いて学校に行こうと考えていたが暗くて周囲がよく見えず、中国用のＳＩＭがなく地図も使えないのでタクシーに乗るしか方法はなかった。仕方がなく、予め大学名をメモしておいた画面を客待ち中のタクシー運転手に見せた。その時、ネットで見た「上海のタクシーは危険⁉」という言葉が頭に浮かび、びくびくしていたが、彼は私の荷物をタクシーに積むと、すぐに車を出発させた。彼は私が留学生だということには画面を見せた時点で気づいていたようだったが、中国の人と話すように気さくに話しかけてくれた。なぜ中国に留学に来たのか、専門は何かなどを聞かれ、たどたどしい中国語で何とか返していると、彼は私の専攻に関係する宗教に関して熱く語ってくれた。正直、なんと言っていたのかは正確には分からなかった。しかし、「分からないです、ごめんなさい」という私に、「ゆっくり勉強すればいいよ、大丈夫」と優しく声を掛けてくれた。しばらくして大学に到着し、いくらですか、と訊ねると「お金はいらないから」と言われ、手持ちのお金を出そうとすると「いいから、いいから。これから頑張って」と言葉を残し、彼は颯爽と去っていった。

もちろん初日の出来事だけではなく、一年間の留学生活の間でたくさんの人たちが、小銭を立て替えてくれたり、大きな荷物を持っているときは運ぶのを手伝ってくれたりなど、困っているときに手を差し伸べてくださった。また、中国語がうまく話せない私に対して「上手だよ、頑張って」と励ましてくれた人がほとんどだった。

留学を終えようとしている今、私の中国に対するイメージは留学開始当初とは全く異なるものとなった。いま中国の人に対して抱くのは「怖い」というイメージではなく、人情があって優しいという事実に基づく印象だ。「迷惑を掛け合う、困っている人を放っておかない」という中国の文化は日本にはない部分であり、中国の素晴らしいところの一つであると思う。

このような様々な温かい思い出の中でも、自分の目で見て体験したことが一番信用できる情報なのだと実感し、ネットの情報やバスでの出来事で落ち込みかけていた私に勇気を与え、その後の留学生活においても中国の方と接するときに「偏見」や「思い込みの情報」を取り除き、一人の人間として向き合う意識を持たせてくれたのは、あの時の運転手と出会ったことが一番大きいと思う。

私の留学生活は初日から、彼のおかげで気持ちのいいスタートを切ることが出来た。私は今でも彼を忘れられないし、一生忘れることはないだろう。もしもいつかまた会うことが出来たら「あの時はありがとうございました」と心から感謝の気持ちを伝えたい。

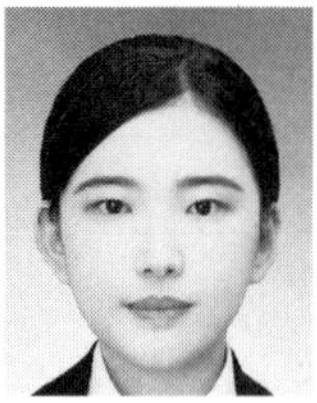

田上奈々加（たのうえ ななか）

長崎大学多文化社会学部四年。熊本県出身。二〇一四年三月に熊本市立必由館高等学校普通科国際コースに入学。この頃、海外アイドルの中国人メンバーがきっかけで中国に興味を持ち始める。長崎大学多文化社会学部に入学後は中国留学を目標に、独学で中国語の勉強を初める。二〇一八年九月からは中国政府奨学金生として一年間上海師範大学に留学。留学先では社会学の基礎を中心に学んだ。

優しさの伝え方

大学生　中村　美涼（湖南師範大学）

中国留学をしたものの肝心の中国語が上達しなかった私は、意を決して一人で銀行に行ってみた。言葉は通じなかったが、中国の人々の親切さと優しさに救われ、苦労の末に無事目的を果たすことができたのだった。

「あなたの中国語は本当に上達しないね」。ついにベトナム人のルームメイトに説教をくらい、やっと危機感を覚えた私は、この日他の日本人を頼らず決死の思いで一人銀行へと向かった。

中国で留学を始めて約一カ月、実を言うとこの期間、周りの優しい日本人留学生たちに甘えっぱなしで一人行動もろくにせず、授業以外ではほとんど日本語しか喋らないという、中国にいながらにして非常にもったいない日々を送っていた。

私が銀行でやらなければいけないことは二つ。日本から送金されたお金を中国元に換金すること、それからその中国元を自分の中国の銀行口座に入れてもらうことだ。これを中国語でどう話そう……。必要そうな単語を調べて文を作り、銀行に入った。

2019年、長沙の橘子洲にて

そこでまず直面した問題は、換金以前に自分がどこに行けばいいのかわからないという問題だった。どうしよう、とりあえずうろついてみよう。今まで周りに頼ってきたせいで、順番待ちのレシートを自分の判断で取ることさえ怖かった。

もたついていると、警備員のおじさんが笑顔で近寄ってきて、何やら話しかけてきてくれた。しかし何を言っているのかさっぱり聞き取れない。

変わらず困っていると、今度は銀行員のお姉さんが事情を聴きに来た。警備員のおじさんが状況を伝え、私も拙い中国語で何とか要望を伝えようとした。

しかしやっぱり面白いほど伝わらない。困ったお姉さんは私を上の階の別の人に引き渡そうとエレベーターに連れて行ったのだが、その時同じく上の階に行こうとしていたお客さんと思われるお姉さんに、この日本人を上の階まで連れて行ってくれと頼み元の場所に戻ってしまった。しかしお客さんのお姉さんは嫌な顔もせず一緒に目的の場所まで付いてきてくれて、その後またエレベーターに戻っていった。上の階で働いていたお兄さんに再び自分の要求を伝えようとしたが、ここでも意思の疎通ができない。事前に作った文が伝わらず、そして相手の質問が聞き取れない。

　留学を始めて一カ月も経つのに、何やってるんだろう私。精神的にかなりダメージを負いつつ、結局上の階の銀行員のお兄さんと一緒に一階に戻った。

長沙火宮殿にて 友人と

　銀行員のお姉さん、お兄さん、そして警備員さんに囲まれながら要望を説明する。少しずつだが理解してもらえるのがわかった。みんな辛抱強く私の話を理解しようと聞いてくれた。パスポートのコピーが必要だと言われた時、警備員のおじさんが一緒についてコピーを手伝ってくれた。この時沢山話しかけてくれたのだが、本当に何も聞き取れなかった。
　コピーを終えて、おじさんは私のパスポートを見ると、私の名前を中国語で読み上げ、「君の名前？」と聞いた。いくら中国語ができなくても、自分の名前は聞き取れた。それまでずっと「ごめんなさい、聞き取れません」しか言えなかった私は、ここぞとばかりに大きく頷いた。やっと聞き取れた、やっと意思の疎通ができた。この時おじさんもとても嬉しそうにしてくれた。
　銀行を出る時、警備員のおじさんが「中村美凉！　拜拜！」と大きな声で遠くから手を振ってくれた。
　この日、無事目的を果たすことができたが、それ以上に自分の中で考えることがたくさんあった。ほとんど中国語のわからない外国人に終始笑顔で協力してくれたり、面倒くさいながらもなんとか問題を解決してくれようと話を聞いてくれたり、また外出先で突然見ず知らずの外国人を目的の場所まで連れて行かされても特別なんとも思っていなかったり、中国人の人々は日本人の私からしたらびっくりするような情の厚さを持っていた。

自分の中国語の能力不足を痛感すると共に、この人たちともっと喋りたいと強く思った。この話は銀行に行ったというだけの話だが、それでも私の中では心境に大きな変化のあった一日であった。

日本人は笑顔での接客が当たり前で、中国に来たばかりの頃中国の店の人は、私が外国人だとわかるとみんな笑顔になって優しく話しかけてくれる。時には日本語で「日本人ですか？」と話しかけてくれて、それだけで心の底から嬉しくなるし、どこか安心する。

日本では、日中関係が良くないという認識が報道により、実際に中国人と関わりを持ったことのないような人たちが中国の印象を膨らませ、中国人を批判している。きっと日本に留学をした中国人は、少なからず嫌な体験をしているのではないかと想像し胸が痛む。

日本にいた頃、中国人の留学生と思われる子達を何度か見かけたが、どうしても中国語で声をかけられなかった。

あの時、拙いながらも私が中国語で話しかけていたならばその子たちはもっと日本を好きになってくれていただろう。

留学を終えて日本に帰ったら、中国人の人々がくれた優しさを上達した中国語を使ってお返しをしよう。「你是中国人吗？」

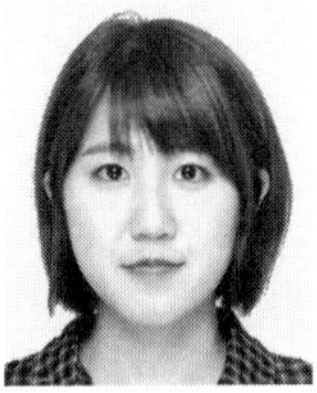

中村 美涼（なかむら みすず）
一九九七年愛知県生まれ。二〇一六年大学入学、大学三年次に取っていた中国語の授業をきっかけに、二〇一九年二月から二〇二〇年一月まで湖南師範大学に留学。現在長沙の激辛料理に舌が着々と順応中！

中国留学は私の原動力

会社員　木澤　安祐美（北京外国語大学／長春師範学院／香港中文大学）

中国での留学体験は私の原動力である。今でも私の心の中には、中国で出会ってきた一人ひとりの顔とエピソードがある。なかなか会えないが、そこには確かな温かみがあり、私をいつも励ましてくれる。

私と中国の出会いは二十二年前に遡る。大学に入学した私は、「他の外国語より簡単かも」という安易な理由から、第二外国語として中国語を選択した。その選択が、私自身のその後の人生を形創るものになろうとは、当時は思いもよらなかった。

何を置いても、恩師との出会いがなければ、中国語を続けることはなかったと思う。恩師の名和先生は、如何に中国語を学ぶことが楽しいか、文化や歴史も含めて私たち学生に情熱をもって伝えてくださった。中国語の虜になった私は、他のどの授業よりも真面目に受講し、二年生の夏、短期語学留学に申し込み、名和先生・同級生と一緒に北京に飛んだ。

その一カ月間で見た北京の情景は今でも私の胸に鮮やかに蘇る。活気ある市場、ダイナミックに飛び交う喧嘩

北京の骨董通り瑠璃廠（リュウリーチャン）にて

のような会話、故宮を始めとした壮大な歴史的建造物。それらのすべてに触れたくて、放課後はほぼ毎日、折り畳んだ北京市の地図を鞄に、友人と共に意気揚々とバスに飛び乗った。

　教室で先生が話す中国語とは異なり、最初は全く聞き取れない。話しかけても首を傾げられる。最初はそれが恐く、いつも先生か他の日本人にくっ付いていた。ところが、残り一週間ばかりになると、少し自信がついた私は、一人でバスに乗り、道を尋ね、ショッピングし、学校外で友達ができるまでになった。中国語で聞いても英語で返事が返ってきたり、値引き交渉は成り立たず、ほとんど言い値で買ったりと、百点満点ではないが、日本人仲間と万里の長城に上ったことよりも思い出深く、自分に自信を持つことが出来るようになったと思う。

　そして約一年後、今度は交換留学生として中国の香港に行くことになった。専攻の新聞学と、語学の勉強が両立できる、というのが私の考えだった。実際は、私が香港中文大学で学んだのは、マスメディア学や語学よりも、多様な文化と考え方、幅広い視野だった。この経験が、現在勤める会社で生き、社内のダイバーシティ化を違和

長春師範学院の食堂にて、中国の友人と長寿麺を味わう

感なく推進できたと思う。

　しかし、北京語はあまり上達しないまま、就職活動期を迎えた私は、一大決心をした。北京語でしか意思疎通ができない環境に身を置くことにしたのである。中文大学の先生に、「留学生の受入れ経験が無い大学を紹介してもらえないか」と必死に頼み込み、紹介してもらったのが長春師範学院である。私は、初めて且つ唯一の留学生として、二カ月半ほど初夏の東北の地で学ぶことになった。

　不安と期待で胸がいっぱいの二十二歳の私が空港につくと、趙さんという担当の青年が笑顔で出迎えてくれ、不安が一蹴された。

　翌日から、私は相当沢山の人々に会い、貴重な経験をすることになる。授業は国語の先生のマンツーマン指導に加え、一般の現地学生の講義に混じることになった。そこで専攻が異なる学生たちと出会い会話をするようになり、輪はどんどん広がり、「日本人がいるらしいぞ」という噂も急速に広まった。最初はよそよそしかった生物学専攻の学生たちは、校外学習で一緒に長白山に登山すると、一気に打ち解け、何枚も肩を寄せ写真をとり、後日カラオケに行くほど仲良くなった。放送部からはラブコールをいただき、恥ずかしながら全校生徒に日本のポップスを披露することに。日本語専攻の女子生徒たちとは特に親交が深まり、誕生日は長寿麺を共にすすり、家庭教師のアルバイト代で飲み物をご馳走になった。腕を組んで動物園にでかけ、帰宅後は宿舎でガールズトークに花を咲かせたこともあった。そして最後には、彼女たちに「日本語名」を付けてさせてもらった。

　辛いこともなかったわけではない。宿舎のトイレがある日突然撤去され膀胱炎になりかけ、そのため短期間に二度ほど引っ越しを余儀なくされた。しかし友人のおかげであまり落ち込まず、帰りの空港では餞別を片手に涙があふれ、後ろ髪がひかれる想いだった。

　それから、私は現在に至るまで留学体験を原動力に、中国に関わる仕事を続けている。中国の友人との手紙やメールのやりとりは、仕事・育児の多忙さからほとんど絶えてしまったが、二年前に今の会社で、奇跡的に長春時代の友人と再会した。私が「沙織」と名付けた彼女は、知らぬ間に中国のグループ会社で働いていたのだ。十六年の歳月を経て、懐かしい面々のその後を聞くことができ、胸が熱くなり、「縁」というものを感じずに居られなかった。

　今でも私の心の中には、中国で出会ってきた一人ひとりの顔とエピソードがある。なかなか会えないが、そこには確かな温かみがあり、私をいつも励ましてくれる。そんな力の源泉となった中国留学に私は心から感謝し、自分の子供を含めたあらゆる人たちに、現地で心の通った交流をすることを切に勧めたい。

木澤 安祐美（きさわ あゆみ）

一九七六年生まれ、愛知県在住。二〇〇〇年、同志社大学文学部社会学科卒業。在学中に、北京外国語大学、長春師範学院に短期留学、交換留学生として香港中文大学にて学ぶ。卒業後、子供靴の生産管理会社勤務などを経て、現在は愛知県内の自動車部品製造・販売会社にて社内人材の育成を担当。二児の母として、仕事と家庭の両立をしながら、中国語の再学習にチャレンジ中。

また日本に行きたい

中国でのふとした出会いがきっかけで、私はフリーハグ活動を始めました。過去を忘れたり歴史を変えたりはできないけれど、日中友好を願っている日本人がいる、その存在だけでも知ってもらえればと思います。

大学生　手島　彩花（北京大学）

「また日本に行きたい。けど中日関係が良くない時期だから、日本に行って酷いことをされないか心配なんだ」。ある日偶然、バスで隣に座ったおじいさんに言われた言葉です。話し始めた最初、おじいさんは私が日本人であるということに気がついていませんでした。話をしている途中、私が日本人の留学生であることを告げると、昔日本に訪れた際の見聞をとても楽しげに話してくれ、日本が好きだとも言ってくれました。

しかし、おじいさんは一度日本に行ったことがあるにもかかわらず、日本に行くのが怖いとおっしゃっていました。私はその時、両国で報道される日中関係が人々に与える影響は、それ程大きいのだなと心から実感させられました。

この出来事は私に大きな衝撃と変化をもたらし、民間

南京生まれのおじいさんとハグをし日中関係について会話

レベルの日中友好のために学生として何か行動を起こしたいと、強く願うきっかけとなりました。

　私は十三億人が住む中国に飛び込んだ、一留学生にしか過ぎません。また、学生である私が日中友好に与える影響は極僅かでしょう。しかし私にしかできないこととは何かと考え、留学という時間を利用して、日中友好フリーハグ活動を始めました。

　北京で出会った三人の同志と共にフリーハグをすると決意したものの、開始以前はハグをしてくれる人がいないのではないかという思いがどうしても拭い去れませんでした。また、日常ハグを挨拶の手段として用いない日中両国において見知らぬ人とハグすることに抵抗がある人が多いのではないかと思っていました。

　そんな不安を払拭してくれたのは、フリーハグで出逢った中国人の方々でした。フリーハグをしていることに気がつくなりハグしてくれる人、フリーハグが何の活動か分からず話を聞いてくれ、その上でハグをしてくれる人、恥ずかしいと言いながらもハグをしてくれる人。フリーハグを通してこんなにも多くの人が日中友好を願っているということを知り、心がとても温かくなりました。

日中友好フリーハグメンバーとの一枚

勿論、フリーハグをする中で、非友好的な態度を示す方もいました。歴史に関して言えば、私たちは過去を忘れる訳にはいきません。ですから、私は人それぞれの考えがあっていいと思います。また、この活動を通して人の考え方を変えようとは思いません。しかし、日本に対して何らかの負のイメージを持っていらっしゃる方がいれば、日中友好を願っている日本人がいる、その存在だけでも知ってもらえればと思います。

このフリーハグの活動は、北京の日本人学生を主体に、中国各地の中国人、日本人留学生の協力も得つつ活動を拡大させてきました。日中友好を願う日本人留学生と中国人学生が共に協力しフリーハグを行なったことで、中国各地で多くの学生と日中関係に対する様々な考え方を共有することもできました。

これまで北京、天津、重慶、ハルビン、南京、瀋陽、大連の七都市でフリーハグの活動を通してきました。私の住む北京を超え、世代を超え多くの方との関わりを得ることができた私は、様々な意見・考え方を知ることができ、時には感動し涙を浮かべることもありました。南京でフリーハグをすると決めた時、周りの日本人の友達にとても心配されました。しかし実際、多くの人が快くハグしてくださり、また、南京生まれのおじいさんとハグをし、日中関係についてお話することもできました。またあるときは、日中ハーフの女の子から日中の永久的友好への願いについてお話を聞くことができました。フリーハグをすればするほど、民間の人と人の交流の大切さをひしひしと感じることができました。

フリーハグ活動の際、私たちは「日中友好の証」として活動の写真、映像を溜めてきました。活動中に撮影した写真・映像は既に五百枚・五十本を超えています。世代問わず、より多くの人々に日中友好を願いフリーハグをしている学生の存在を知ってもらうために、新たな挑戦として今現在この「証」を元に動画を作成し、拡散することにも挑戦しています。

フリーハグの活動を通し改めて実感させられた事は、日本人の中国に対する固定観念はとても強いという事です。日本で報道される内容が百パーセント嘘であるというわけではありません。しかし日中友好のために行われている民間活動が報道されることはあまりにも少ないため、中国に行ったことがないにもかかわらず、中国を良く思わない人は少なからずいます。両国の民間交流を深めるために、私はこれから日本で日本人と中国人、「人」の交流の場を作り、友達になれる環境を提供していきたいと思っています。

留学中にフリーハグをする決心をさせてくれ、これからの自分について考えさせてくれたあの時のおじいさんに出会えることはもう一生ないでしょう。しかし日中友好を願う多くの人の思いがあのおじいさんまで届き、また日本を訪問してくれることを願っています。

手島　彩花（てしま あやか）
一九九五年十二月二日生まれ。同志社大学グローバル・コミュニケーション学部グローバル・コミュニケーション学科中国語コース。北京大学対外漢語教育学院。富士通株式会社（現職）。

長洲島の思い出

会社員　中瀬 倫太郎（香港大学）

同じ寮に住む中国人の友人が、私を長洲島に誘ってくれた。潮風に吹かれゆったりとした時間を過ごしていたが、後に友人がデモを避けるために誘ってくれたということを知り、国境を超えた友情を感じたのだった。

二〇〇五年四月のある日、寮の友人が突然「長洲島に行こう」と誘ってくれた。

私は前年の十月から香港大学に留学し、生活にも慣れて、休みの日には尖沙咀《チムサーチョイ》や旺角《モンコック》などお気に入りの街を出歩くようになっていた。寮は各フロア二十人ほどの学生が一緒に生活し、フロアには共用の炊事場があった。その友人は同じフロアに住み料理が上手で、よく私の分も夕飯を作って食べさせてくれ、それ以外も何かにつけ世話を焼いてくれていた。彼の作ってくれた中国家庭料理の一部は、日本に帰ってから、私の料理のレパートリーとなった。

長洲島は香港島の西にある小さな離島の観光地だが、

島の浜辺から、日本のある方向を指さす

私は知らなかった。

友人と寮の一つ上のフロアの学生と三人で中環《セントラル》からフェリーに乗り、一時間ほどで長洲島に着いた。海水浴にはまだ早い時期で、観光客はそれほど多くなく島は閑散としていた。島には自動車が無いので、地元の人も観光客も自転車で移動する。街中には観光客の乗るレンタル自転車は少なく、地元の人の乗る荷物運び用の自転車が行き交っていた。

道路沿いのお店の前にはテーブルが置かれ、パラソルの下で地元の中年の女性たちがのんびりとおしゃべりを楽しんでいた。街のあちらこちらに猫がいた。人に慣れていて、近づいて写真を撮っても逃げない。こちらをちらっと見やったのちにおもむろに毛繕いを続行する。中にはエサをねだって近づいてくるものすらいた。

長洲島のゆったりとした時間の流れは、高層の建物が立ち並び、タクシーやバスの激しく行きかう香港島で学生生活を送っていた私には、とてもうれしかった。香港人は、狭い高層マンションの部屋で家族が肩を寄せ合うように暮らしていても、郊外には自然と伝統的な建物をきちんと残している。

　中国香港の短い冬と春は過ぎ、季節は夏へと移り変わりはじめていたが、強い日差しの下でも、海から吹く風が心地良かった。

　私の両親は港町の出身で、私も小さい頃からよく海に連れて行ってもらっていた。香港の海は私の郷愁をかき立てた。なにより、このさえぎる物のない水面は日本の海までつながっているのだ。なぎの海をながめながら、私は二千キロメートル以上離れてつながっている故郷の海のことを考えた。

　三人で島の中をのんびりと歩いた。友人が言うにはこの島ではまんじゅう祭りというお祭りが行われるという。まんじゅうをアパートよりも高く積み上げて塔を作り、参加者が登って奪い合うという。軟らかいまんじゅうで塔を作っても、とても自立できないし、ましてや参加者がよじ登ったりしようものなら大惨事になるように思われてとんと合点がいかなかった。帰ってきてみてから調べると、金属や竹などで足場を組んでその周りにまんじゅうを貼り付けて登るらしい。それでも踏まれたまんじゅうがぽろぽろと落っこちるので、ずいぶん登りにくそうだ。

　広場に出ると、島の子供たちがカラフルな羽かざりのついた小さなゴムの円盤を蹴って遊んでいる。毽子《ジェンズ》と呼ばれるものだ。友人が、こうやって遊ぶのだと羽子板の羽のような毽子を蹴ってリフティングしようとしたが二、三度蹴ると明後日の方向に飛んでいってしまった。お土産に一つ買い求め、日本まで持って帰って何度か挑戦してみたものの、運動神経の鈍い私にはもとより操ることもできず、自室の置物となった。

　広場には天后宮もあった。門前に土産物屋も無いような小さな飾り気のない廟であったが、海の守り神だという。私は中国と日本の海の安全と平穏を祈って手を合わせた。

　島の名物の海鮮料理を食べて、夜になってから寮に戻った。

　振り返ると、友人が笑顔でこちらを見ていた。彼はデモの情報を知り、私がフラフラ出歩いてトラブルに巻き込まれるのを避けるためか、私にデモを見せたくなかったのか、急きょ離島への一日観光に誘ってくれたのだ。

この離島旅行は間違いなく彼の友情の証である。私はきっと彼らの友情に応えていかなくてはならないと思い続けている。

中瀬 倫太郎（なかせ りんたろう）
一九八三年生まれ。国際基督教大学卒。大学在学中に交換留学生として香港大学に留学。卒業後はホテルで働き中国をはじめとして国内外からのお客様をお迎えしている。

一期一会

会社員　濵田 麻衣（華東師範大学）

私は約一年の中国留学を通して、何百人もの中国の方々と出会いましたが、中国は広大で、一言では語りつくせません。皆さんにも是非中国を訪れ、自分自身が感じる中国の魅力を見つけてほしいと思います。

私は、二〇一六年二月から二〇一七年一月まで上海にある華東師範大学にて語学留学を行いました。なぜ中国への留学を決めたのか？　それは、二〇一五年に内閣府青年国際交流事業で、中国へ派遣された事をきっかけに、多くの日中友好を願っている方々との出会いを経験させていただき、私自身が中国を理解して、日中友好を願う一員として活動したいと思ったからです。

さて、私の中国での生活はどのようなものだったでしょうか？　まず、当時の私の中国語のレベルはというと、自己紹介程度だったので、会話が成り立たない不自由さやこのまま生活が出来るのかという不安が募り、とても苦しい想いをしたのを覚えています。ですが、私の留学の目的は「中国を理解する」という事。この目的を達成する為には、中国語を習得し、積極的に中国の方と交流

山西省にて、民族衣装体験をした時の様子

する機会を作って、最大限の吸収ができるような生活を送ろうと決意していました。実際には、平日は約六時間の授業と予習復習を四～五時間行いました。また、日々の生活の中でも、中国の方と関わる機会を積極的に作り、休みの日には、旅行へ行ったりして、多くの場所を訪ねました。また、夏休みには、日本語を学んでいる学生の日本語夏合宿に日本人ボランティアとして参加し、中国の学生生活を体験し、日中文化の違いを肌で感じる事ができました。さて、この「中国の学生生活を体験する」という事ですが、日本の学生とは大きく異なる環境だという事はご存知でしょうか？　実は、中国の場合は、大学の敷地内に、学生だけでなく、先生方も生活しており、様々な店や美容院、ホテル等があるので、大学内が一つの町のような環境です。そして、夏合宿は北京にある大学内だったので、中国の学生達の日常と同じように、八人部屋の寮で共同生活を送りながら、合宿に参加し、とても貴重な体験ができました。

このように留学中は、様々な経験をしてきましたが、その中でも特に忘れられない思い出は、帰国前に中国国内旅行をした時の事です。上海から飛行機に乗り、山西

雲南省大理で出会った少数民族の方

省に向かう機内では、学生時代に日本へ留学をした事をきっかけに、そのまま日本の企業に就職し、故郷である山西省にたまたま出張で来ていた方との出会いがありました。私達はその方に手作りのパンをいただいたり、山西省について様々な情報を教えていただきました。それだけでなく、連絡先を交換し、「山西省で何かあればすぐに連絡してきていいよ」と、とても親切にしていただきました。なぜ、ここまで親切にしてくれるのか？　それには理由がありました。彼女は、私達と同じ二十二歳の時に、日本へ留学しましたが、一日目はホテルのトラブルで宿泊する事ができなくなってしまい、路上で途方に暮れていたそうです。そんな時、知り合いでもない日本の方が携帯電話を貸してくれて、無事ホテルを予約する事ができたそうです。この他にも、日本の方にとても助けられたので、日本の方に恩返ししていきたいと思っていると伝えられました。たった一時的な出会いだったとしても、その出来事があったからこそ、その恩返しを私達が受ける立場になった事。この出会いをきっかけに、それからの旅では、出会った一人ひとりとの関わりを大切にした事で、ネット等では知る事の出来なかったその地ならではの習慣や文化を知る事だけでなく、その地で出会った人々との思い出も大切な中国留学の思い出となりました。

約一年の中国留学を通して、中国への理解は深められたのですが、中国ってどんな国？　と聞かれたとしても、これが中国だ！　と言う事はできません。なぜなら、広大な土地ゆえに国内でも文化の違いを大きく感じたので、どこでどう感じた、ここではこういう出来事があった、というのを、伝える事しかできないからです。そこで、例えば第二外国語として中国語を学んでいる人が、その先の行動として、中国と関わる第一歩を踏み出して、中国旅行をしたり、中国の方と交流する事で、草の根交流が広がっていき、日中友好が更に深まるのではないかと考えます。実際に私が中国へ初めて行った二〇一五年の夏から約二年間で、何百人もの中国の方との出会いを経験し、中国全土に〝友人〟がいると言っても過言ではありません。その〝友人〟に加え、今後も積極的に行動し、より多くの人との出会いを通して、日中友好が深まる事を願っています。

中国ってどんな国だろう？　と疑問を持った人は、是非実際に中国へ旅行をしてみたり、中国の方と交流してみたりして、中国に興味を持ってみてください。そして、自分自身が感じる中国の魅力を見つけて、それを周囲に発信してみてください。それをきっかけに、周囲の人から周囲の人へと伝わり、その事がきっかけに、新たに中国に対して興味を持つ人がいるかもしれません。私も、これから継続して、中国の魅力などを発信していき、日中友好を願う一人として少しでも周囲に影響を与えられたらと思います。

濵田　麻衣（はまだ まい）
大妻女子大学を卒業し、現在は会社員。大学では、社会学を専攻している事もあり、一年間の休学制度を利用して、中国・上海にある華東師範大学で語学留学を行いました。華東師範大学では、強化クラスに入り、日々中国語を学びながら、休みは、遊んだり、旅行に行ったりと、楽しみながら、日々努力していました。

南昌での出会い、そしてつながり

講師　前川　友太（江西外語外貿職業学院）

私が初めて中国に来た時、中国語ができず、身振り手振りの会話で乗り切った。そして中国語学習の日々の中で、恋人との出会いと別れを経験した。今、私は、中国との間に別れがたいつながりを感じている。

「これは大変なところに来てしまった」

私がまず思った言葉である。一年間の留学を決め、空港に降り立ち、バスで天津市内に向かったのは良かったのだが、そこからどうやって大学に行くのかさっぱり分からなかった。二〇一〇年のことである。

当時、携帯で地図アプリを使うことも配車サービスを利用することもできなかった。自分の中国語はどうか、もちろん駄目である。タクシーの運転手に行き先を告げても、ただ首を横に振られるだけだった。やっぱり自分の中国語はダメだ、そう確信した瞬間は絶望感と一緒にやってきた。それでも優しい運転手に出会い、身振り手振りで会話をした。どうやら、道路のこっち側ではなく、反対側でタクシーを拾えということだった。言葉の問題ではなく、それが原因で乗車できなかったことに気づい

以前、短期研修の際に仲良くなった天津大学農学部の中国人学生との青島旅行

たのは後になってからである。

学校に着いたら、次は、自分の寮がどこにあるのか、皆目見当もつかなかった。メールでは、「寮の申請を受け付けました」しか書いていなかった。途方に暮れたが、泊まるところがないと野宿、しかも大学構内。首を横に振って歩き出した。いくつかを訪ね、ようやく目的地らしきところに着いた。そこの寮母さんが、「あなたのお名前は」と聞いてきた。「前川友太です」と答えた。しばらくの沈黙、そして、「理解できない」と言われた。中国語の自信は塵となって春の風と一緒に飛んでいった。ここでも身振り手振りで、なんとか手続きができた。寮は二人部屋、まだ相棒は来てなかった。

次の日、ブラブラ大学を歩いて寮に帰ると、見知らぬ男性がいた。その人がルームメイトだと気付くのに数秒かかった。「ルームメイトは日本人かも、いや韓国人かな」と淡い期待を抱いていたが、現実は想像を遥かに超えていたからである。私とは正反対で、イケメン男子だった。中央アジアにある国から来たと彼は言ったが、その国を私は知らなかった。私と彼の共通言語はつたない英語と初心者中国語、心細かった。

江西外語外貿職業学院の学生たちと自宅パーティーをしたときの写真。優しい学生たちと出会い、一緒に楽しんだ

授業は全て中国語だった。周りの日本人といえば大学院生と日本の有名大学から来た留学生、どちらもエリート、もちろん中国語は超一流だった。一度、有名大学の彼女、私と私の友達三人で天津観光をした。友達は日本語ができないので、会話は中国語のみ。私は、「そうだね」、「こんにちは」しか聞き取れなかった。とてもみじめだった。

「いつか中国語で彼女に追いついてやる」、「このまま帰ったらみんなに笑われる」、そんな気持ちがいつしか大きくなり、勉強に明け暮れた。しかし、そう簡単に追いつくものでもなかった。

あっという間に二カ月が過ぎ、少し中国語も分かる様になったころ、劇的な変化が訪れた。それは、彼女ができたことである。しかも、当時流行していた「ネット恋愛」であった。彼女に会うため、待ち合わせた場所は南昌。初めて彼女に出会ったのは南昌駅近くのハンバーガーショップだった。外は真っ暗で雨が降っていた。店内の明るさと外の暗さのコントラストは今もはっきりと覚えている。

彼女と出会い、中国語は飛躍的に伸びた。夏休みは彼女の家にホームスティ、中国語だけの生活を送った。夏休み明けのクラス分けテストで面接官の先生は、私の変化に終始不思議がっていた。いつしか中国語レベルは初級から上級になっていた。漢語水平考試五級もあっという間にクリアした。

その後、私は留学を終え、帰国。彼女は自分の夢を叶えるために、日本に留学しに来た。今では日本で働くキャリアウーマンとなり、結婚もして、幸せな家庭を築いている。

一方、私は今、中国にいる。しかも初めて彼女と出会った南昌で日本語を教えている。

「分久必合、合久必分」、日本での会社勤めのとき、先輩から教わった言葉である。長く一緒にいれば、別れは必ずやってくる。昔から伝わる物事の道理である。深い悲しみはあったが、立ち止まるわけにもいかない。

「縁」とは不思議なもので、「別れ」があれば「出会い」もある。ここ南昌で暮らすようになって二年目の冬に今の彼女と出会った。

こんな素晴らしい出会いを提供してくれる中国、そして南昌に大変感謝している。しかも大学院に入り、授業を受けている時、李白の漢詩の一部に「前川」の文字が入っていることに気づいた。本当に驚いた。ここでも中国と私のつながりを感じた。

今の彼女、そして南昌、ひいては中国と私のつながりにおいて、「別れ」は来てほしくない。出来ることなら、現世だけではなく、来世もまたここを訪れて、いろんな出会いをしてみたい。その時はまた、「大変なところに来てしまった」と思い、まず身振り手振りで乗り切らないといけないのだろうか。

前川　友太（まえかわ　ゆうた）

香川県出身。愛媛大学農学部卒業。愛媛大学四年次に一年間休学をして天津の大学へ語学留学。語学留学修了後、日本へ帰国。愛媛大学を卒業後は日本の企業に勤める。応募した二〇一八年では中国江西省南昌市の江西外語外貿職業学院応用東西語学部講師であった。現在は江西師範大学大学院を修了し、天津の河北工業大学で働いている。

北京語言大学短期留学の思い出

王さん一家が日本の我が家にホームスティしたことがきっかけで、私は北京へ短期留学した。そこで出会ったさわやかな中国人学生は私の中国人観を一変させ、辛さんのご両親が娘を思う心に涙が止まらなかった。

元教員　宮﨑　功（北京語言大学）

若かったんだなァ、と今つくづく思う。

あれはもう二十年前のこと。私が住む埼玉県の越生町《おごせ》では、外国人留学生による日本語弁論大会を開催していて、そこに参加する王さん一家が我が家にホームスティした。王さんは日本の大学に留学中で、家族とともに来日していた。春節には当時朝霞市に住む王さん宅に招待されたり、我が家でバーベキューをする時は王さん一家を呼んだりしていた。

私が仕事を退職した年、私たち夫婦と王さん一家三人の合計五人で箱根へ一泊旅行をした。

帰宅して二日後に私はもう北京へ飛んでいた。今ではそんな無茶はとてもできる話ではない。

王さん夫妻と私　大涌谷にて

北京語言大学へ短期入学をした。この留学には一つのプランが私にはあり、ホームステイをきっかけに親しくなった王さん一家の奥さん（辛さん）のご両親と、北京の中国人家庭の様子をうかがいたい、との思いがあったのだ。

しかし、王さんと知り合いになってから学び始めたラジオ講座の中国語も「四声」や「発音」のレベルで、かけ出しもいいところなのだ。しかも、出発前に辛さんのご両親と細かい打ち合わせなどなく、ただ「行きます」というだけだった。

北京語言大学での中国語学習が始まっても初対面の中国人家庭へ連絡をとって訪問日時を決めることは、逆立ちしても不可能。どうしたものか、と思案しながら日一日と過ぎていった。

ある日のこと。いつも利用する学生食堂で時おり見かける中国人男子学生が近くに席をとった。私は思いきって英語で話しかけてみた。答えが英語で返ってきたので、さらに英語で「北京市内に知り合いがいるのだが、中国語ができないので連絡がとれない。住所と電話番号はこ

留学時代の仲間たちと　北京市内

れだけど連絡をとってもらえないか」と言ってみた。彼は私のつたない英語でも理解してくれたようで、携帯電話で辛さんのご両親と連絡をとってくれ、私の訪問日時が決まった。その中国人学生は、私の精一杯の感謝のパフォーマンスにも終始、クールで非常に落ち着いた態度だった。このことは、私の対中国人観を大きく修正させる出来事だった。以来、私は彼のことを、大仏次郎の小説に出てくる「鞍馬天狗」のようなさわやかな人、と心の中で思い続けている。なぜなら、その後、私は食堂でもキャンパスでも二度と「鞍馬天狗」のようなさわやかな彼に会うことはなかったから。

さわやかな青年のおかげで安心して辛さんのご両親宅を訪問でき、高層アパートが立ち並ぶ一角の九階の風がよく通る一室でご両親と、辞書と筆談と少しの英語と中国語で交流し合った。ふだんは一緒に生活していない息子さんがわざわざ来て、腕をふるって数々の中国料理をごちそうしてくれた。大きな鯉の料理を「どうぞ」と出され、どう処理してよいやら戸惑ったし、食べたこともないなまこの料理も出され、一家をあげて歓待してくれている心情が我が全身にしみわたった。帰りぎわ、「娘たちをよろしく」という言葉の中に、日本に行ってしまっている一人娘とその家族を心配する父親の気持ちを想像したら、涙があふれ出し、タクシーに乗って大学の宿舎へ到着するまで泣き通しだった。

その後、辛さんのお母さんが二〇〇二年に亡くなり、その年、王さん一家は帰国した。そして二〇一四年に辛さんのお父さんも亡くなられた。

「中国で、日本に関するニュースが流れると、父はよく『暑い夏、宮崎さんが訪ねてきてくれたよ』と繰り返し言ってましたよ」と辛さんから聞いた時、あの無鉄砲だった留学と、あの「鞍馬天狗」を思わせるさわやかな中国人青年のおかげで訪問を決行した若かった自分をほめてもいいかな、と思う。

今、その王さん、辛さんの一人息子の映君が大学院への留学で来日している。

辛さんは今、かつての父親と同じように、日本でたった一人で暮らしている息子のことを心配しているにちがいない。

宮崎　功（みやざき　いさお）

昭和十七年（一九四二年）、埼玉県生まれ。昭和四十一年（一九六六年）、早稲田大学卒業。岩手県で中学校教員を九年間。父の死で昭和五十年（一九七五年）、故郷に戻り、小学校教員を二十三年間務める。五十五歳で退職。以後、畑仕事とボランティア活動に力を入れ、平成十年（一九九八年）、王さん一家のホームスティをきっかけに交流を深める。平成十一年（一九九九年）、北京語言大学に短期留学。中国との往来は合計七回。現在、城西大学リカレント中国語履修中である。

「縁」が支えてくれた中国留学

大学生　依田　有里佳（上海外国語大学）

私は一人の中国人看護師さんとの出会いをきっかけに、誰かに助けてもらった恩を他の誰かに返す「助け合いの輪」を広げる第一歩を踏み出しました。まだまだ微力ですが、感謝の気持ちを胸に頑張ります。

上海留学での一人の中国人看護師さんとの出会いが、私が日中間における「助け合いの輪」の一歩を踏み出す大きなきっかけをくれました。

二〇一五年九月。日中の懸け橋となるために中国語を話せるようになるんだ！という強い思いを抱きながら、上海の地に降り立ちました。外国人が中国語を学ぶクラスに入り、周りはほとんどが日本人以外の外国人。もちろん初めは頼れる知り合いもほとんどおらず、言葉の壁から、クラスメートともなかなか距離を縮めることができませんでした。仕方なく授業終わりは毎日一人でご飯を食べ、図書館にこもって勉強をする日々。言いたいことが伝えられないもどかしさと悔しさ、そして寂しさが一気に押し寄せました。

そんな時、食べ物が原因で胃腸炎を発症し、初めて中

日中の架け橋となるため活動する虹洋会の皆さん

国の病院に行くことになりました。その時に知り合ったのが一人の中国人看護師の方です。その看護師さんは中国語だけではなく日本語も堪能で、私の症状を的確にお医者さんに伝えてくれました。私はそんな看護師さんに親しみを感じ、気づいたら自分の悩みを打ち明けていました。来たばかりでまだ友達がおらず寂しいこと、なかなか語学が上達せずもどかしさを感じていること。その時、看護師さんは私に対してこのように言ってくれました。「自分も日本で留学をしていた時たくさんの大変な思いをしたけど、その時多くの日本人が助けてくれました。だから、今度は私があなたを助ける番ですね」。そして、私に連絡先を教えてくれました。私は心がポッと明るくなり、初めて上海で頼れる人ができたことに心から安心感を得ました。そしてここから、私の日中間の「助け合いの輪」が始まったのです。

　看護師さんはその後私に、日本人と中国人の交流会に参加してみないかと誘ってくれました。私はその食事会に参加し、そこで日中両国と関わりの強い日本人と中国人の方々と知り合うことができました。私はそこで初めて「同志」を得たような気持ちになりました。日本にい

留学中お世話になった看護師さん

るときは自分以外にも、日中の懸け橋になりたいと思い活動している方がたくさんいるという事実をほとんど知りませんでした。今自分は学生で、できることは限られているけれど、この方たちのように日本と中国をつなぐ存在となるために、まずはとにかく中国語を頑張って、中国の色んなことを吸収しようと改めて思いました。この日を境にこれまでよりもいっそう努力するようになり、恥ずかしさを捨て、下手でもいいからどんどん中国語を話すように心がけました。この努力の結果中国語に自信もつき、徐々に留学生活が充実してきました。その後看護師さんの方は、チャイナドレスと和服を通して日中文化交流を促進する団体にも誘ってくれ、泊りがけでイベントに参加しました。そこでも多くの日中交流を促進したいという中国人の方と出会い、私の留学生活を様々な面でサポートしてくれました。どんなに小さなことでも全力で助けてくれ、私は留学生活を送るにあたって不便を感じたことはほとんどありませんでした。帰国間近には会のみなさんがオーダーメイドのチャイナドレスをプレゼントしてくださいました。ピンクでお花柄の美しいこのチャイナドレスは私の一生の宝物であり、このチャイナドレスを見るたびにみなさんの優しさや温かさを思い出します。

しかし、ある時私はふと思いました。「自分はこんなにもサポートをしてもらうばかりで、何も返せていない。自分も何かできることがあるのではないか？」

そう思っていた帰国間近。交流会で知り合った中国人の方から、親戚の日本人の娘が私と同じ大学に留学に来るからサポートをしてあげてほしいとお願いがありました。私は喜んで引き受け、中国に来たばかりのその子に大学での生活方法を伝授したり、小さな悩みを聞いたり、不便がないように微力ながらサポートをしました。このとき、自分が来たばかりのころは右も左も分からず、本当に苦労していたということを改めて思い出しました。この経験があるからこそ、辛さが分かるからこそ自分にできることがあるに違いない、そう確信しました。この思いを抱え、私は十カ月の留学生活を終え帰国しました。

中国の方は一度しか会ったことがなくても、友人として様々な面で私をサポートしてくれました。今度は私が看護師さんのような存在になる番です。現在私は大学で、留学生のサポートをするお手伝いをしています。まだまだ自分ができることは微力です。しかし、これまで私を支えてくれた多くの人への感謝の気持ちを忘れずに、留学を経験した私だからこそできることを精一杯やり切り、また新たな「助け合いの輪」を広げるという形で恩返ししていきたいです。そして、この場をお借りして、このような素敵な「輪」を広げるきっかけをくださった看護師の方にお礼を申し上げます。本当にありがとうございました。

依田 有里佳（よだ ゆりか）
東京女子大学在学中に上海外国語大学に留学。
現在は社会人三年目で、金融機関に勤務。

日中友好成人式

会社員　堂薗 遥佳（清華大学）

中国・北京で語学留学した私は、中国で成人を迎え、日中友好成人式に振袖を着て参加した。参加前は不安もあったが、友人が沢山できた。異文化交流を体感した成人式は一生の思い出となり、今も色褪せない。

二〇一六年九月から二〇一七年一月までの五カ月間、中国・北京で語学留学を経験した。当時十九歳だった私は、中国で誕生日、つまり成人を迎えることが分かっていた。地元鹿児島市から成人式の招待状が来たが、留学の為には犠牲も必要で、式には参加出来ないと諦めていた。

留学して一カ月が経った十月頃、日本国大使館で日中友好成人式が開催されることを知った。日中友好成人式は北京日本人留学生社団の主催で毎年開催される。当初は正直、参加しようか迷っていた。知り合いもいない成人式はきっと参加しても虚しいだろうと思ったからだ。しかしそれ以上に悲しいと思ったのは、自身の成人式の思い出を語れないことだった。結婚式や同窓会など、必ずどこかのシーンで成人式の話題は出るはずだ。友人や将来自分の子供との会話の中で「成人式どうだった?」という問いかけに対し、「参加していない」という答えでは、あまりにも寂しい。それが日中友好成人式への参加を決意した最大の決め手だった。

次に生じたのは「何を着ていこうか」という問題だった。招待状には「女性はドレスまたはスーツなどの正装でお越しください。振袖やチャイナドレスも大歓迎です」との記載があった。ドレスやスーツは中国に持って来ていない。さて、どうしよう。留学前に前撮りをし、レンタルしていた振袖があった。一生に一度の成人式、せっかくなら振袖を着て参加したいと思った。そこで、母に頼んで振袖を日本から送ってもらおうと考えた。電話で相談した時の母の第一声は「えっ⁉」だったと思う。わざわざ一日、しかも数時間の為に振袖を送るには、費用と手間が掛かりすぎる。しかし母は、いつも私の突拍子もない発想に付き合ってくれる。「呉服店に相談して、父にも聞いてみる」と言ってその日は話が終わった。後日、「大丈夫だって。振袖を中国に送るね」という朗報

新城国際 日系ヘアサロンクイーンズベリー前にて

2017年 日中友好成人式

が届いた。その代わり、万が一郵便がどこかで紛失した際は、弁償しなければいけないとも言われた。しかし私に出来ることは何もなく、ただ無事に届くことを願うだけだった。国際郵便を送るにあたり初めて分かったことがある。それは、海外へ荷物を送る際には税関告知書を記入する必要があるということだ。母はレンタルした小物の一つ一つを英訳し、日本から送ってくれた。同封された手紙には、「成人おめでとう」とあった。それを見て、母の優しさに涙が止まらなかった。荷物が届いたことへの安堵感もあったかもしれない。着付けやヘアメイクはさすがに中国の美容室に行く勇気はなく、日本人が経営する美容室に予約を入れた。

成人式当日、着付けを済ませ、美容室から大使館までタクシーで向かった。タクシーに乗り込んだ瞬間、運転手のおじちゃんに「これから何のイベントがあるの⁉」と驚かれた。それもそのはず。赤の振袖、首には白のショールを巻き、ばっちりヘアメイクをしている。中国ファッションに負けず劣らずの奇抜な格好は大変珍しがられた。成人式があること、日本では成人式に晴れ着を着ることなど、拙い中国語で説明をした。おじちゃんに伝わったかどうか定かではないが、とりあえず「おめでとう」と言ってくれた。

式の前に、父にテレビ電話をした。「綺麗だね。成人式楽しんで、帰国したら写真を見せてね」という温かい言葉が嬉しかった。いつも私の意見を尊重し、やりたいことを応援してくれる父には頭が下がる。

式には日本と中国の新成人、約二百人余りが参加していた。振袖、袴、漢服、チャイナドレスなど各々好きな服装に身を包んだ学生で溢れ、カラフルでとても綺麗な光景だった。式では、酒樽の鏡開き、書き初め、ソーラン節やエイサーのパフォーマンスなどが行われ、大いに盛り上がった。成人式の会場でも、振袖を沢山褒めてもらえた。初対面の中国人から「一緒に写真を撮ろう」と声を掛けてもらった。日中間の異文化交流を体感した瞬間だった。参加前の不安はいつの間にか消えており、振袖の効果と成人式という非日常のテンションのおかげで友人が沢山できた。中国で成人を迎えたことは一生の思い出になった。そして、振袖を着て参加し本当に良かった。

中国へ振袖を送ることを快く承諾して下さったまつき苑の池田さん、着付けをして下さったクイーンズベリーの阿部さん、そして留学費用をはじめ振袖のレンタル料から輸送費まで出し、私のわがままを聞いてくれた両親、多くの人の支えがあって成人式当日を迎えることができた。

現在私は社会人二年目に突入した。給料をもらうようになってお金を稼ぐことの大変さが身に沁みて分かる。親孝行をしようと思う。中国語は現在も継続して勉強中で、今年はHSK五級に合格したい。二十三歳になった私は、あの頃より少しは大人になっているだろうか。美容室前で撮影してもらった写真を見返す。振袖と街頭の赤い吊り飾りが映えている。成人式の思い出は今も色褪せない。

堂薗　遥佳（どうぞの　はるか）
二〇一五年四月鹿児島国際大学入学。二〇一六年九月から二〇一七年一月清華大学に留学。二〇一九年三月鹿児島国際大学卒業。二〇一九年四月東横イン入社、ホテルフロントスタッフとして勤務。

第二章

生活編

Studying Abroad in China

留学の思い出は貴重な「宝」

中国留学が「宝」となったのはなぜなんだろう。それは、当時の中国の皆さんと同じ空気を吸い、生活したからなんだろう。留学中の人との出会いを通じて、日中関係を深く考えるきっかけとなった。

参議院議員　西田　実仁（北京語言大学）

日本僑報社の段躍中代表から、中国留学のエピソードの依頼があってから、悩むことしきりだった。もう三十五年も前の北京留学、しかもわずか八カ月ほどの短期留学のエピソードが、これから留学しようという方々の何の役に立つのだろうか、と。ただ、他ならぬ段さんからのお願いである。断り切れず、栄えある「第一回」のエピソード集に駄文を寄せることにした。

留学したのは、私が慶應義塾大学経済学部の二年生の夏。十九歳だった。留学先は、北京語言学院（現在の北京語言大学）。当時、海外からの留学生は皆ここで学んでから、志望する各大学へと送り込まれていたため、世界中の各国からの留学生で溢れていた。

中国に留学したいという思いは、高校時代からだろうか。私の母が十歳まで中国の東北地方で育ち、戦争に敗れて逃げ帰ってくるときに、現地の中国人に食べるものや着るものなど、大変に世話になった、と幼い頃から聞いていた。もし、母がそこで亡くなれば、今の私は存在しないわけで、自らのルーツともいうべき中国大陸に渡って、中国の人々と中国語で話ができるようになりたい、という素朴な思いからだった。

留学時代の仲間たちとの写真

だが、実際に中国への留学を実現するには、両親の理解はもちろん、大学の指導教授の物心ともの支援がなければ、ありえないことだった。当時、父が経営する町工場は、大きく傾いていたからだ。

初めての海外が中国・北京。一九八二年の夏だった。両親と離れて一人暮らしをするのも初めて。薄暗い洗い場で、衣服を手洗いするのも初めて。初めて尽くしの中国留学は、想定をはるかに超えて多くの成果が得られたことは間違いない。その思い出は、年を重ねるごとに、より膨らみ、私にとって貴重な「宝」となっていることを実感する。

大学を卒業して、東洋経済新報社という出版社で経済記者をしながらも、その「宝」は年々、成長しているように感じた。私が所属した「週刊東洋経済」でも、中国への取材旅行がたびたび重なり、やがて特集を組むようにもなった。中国の政財界の要人へのインタビューも数多く、一九九七年には浮上する中国経済の現場レポートを書籍にまとめるまでになった。

二〇〇四年、国政に初めて挑戦してからも、今度は政界において、日中の諸問題に直接、携わる機会も得た。二〇一三年一月には、まだ国家主席になる前の習近平氏に、わが党の山口代表とともに約七十分間、会談する場に陪席させてもらった。二〇一五年十月にも同代表とともに中国北京へと渡り、安倍総理からの親書を手渡しするなど、中国との交流窓口として、働かせていただいている。

2019年2月26日国会議員会館で開催された中国人大学生との座談会にて、右が西田実仁議員

それもこれも、あの三十五年前の留学がなければ、到底、ありえないことだ。今日までの私の人生に欠かせないエピソードとして、中国留学がある。

当時の思い出話は、楽しいことばかりである。語言学院の前の五道口の商店で、当時はまだ配給制だった肉票や布票を使って、肉や洋服を買ったこと、ちょうど二十歳になったお祝いに、同班同学と気の抜けたビールで乾杯したこと、まだ郊外には馬車でわらを運ぶ農家がいて、その鞭に当たりそうになったことなどなど、きりがない。

中国留学が「宝」となったのはなぜなんだろう。そんなことは、普段はあまり考えたことがないが、改めて、この文章を書きながら思った。それは、当時の中国の皆さんと同じ空気を吸い、生活したからなんだろう、と。

観光やビジネスでの訪中も、もちろん、別の意義があるが、やはり日々の生活を中国の中でする、しかも、世界中から留学生が集まり、語学を勉強する、同年代の中国人学生と一緒に、キャンパスで生活させてもらったことが、何よりも大きいのではないか。

中国での生活は、中国を知り、日本、日本人である自分を知る大事なきっかけとなる。留学の効用はもちろん、語学の上達にあるだろうが、人生にとっての効用といえば、アジアの中の日本、そして日本人である自分を知ることにあると思う。長い交流のある隣国・中国での生活は、そんな不思議な「場」である。

それは、留学中の人との出会いを通じて培われる。

私にとって、キャンパスで知り合った、ある初老の大学教授との出会いがそれだった。中華人民共和国が誕生して三十三年、それまでの様々な出来事を振り返りながら、先生の自宅で夜の「互相学習」の時間がとても心地よかった。目的は、日本語と中国語を相互に学びあうことだったが、実際にはほとんど中国語による会話となった。ご自身の息子に当たる年齢の私にときに諭すように、ときに嘆き、ときに笑い、そして期待を込めて、話しかけてくれた優しい眼差しは今も忘れていない。当時の中国を、そして日中関係を深く考えるきっかけとなった。

もう一つ、やはりキャンパス内で中国人学生との交流は、若い同世代どうし、楽しい思い出である。なかでも、複数の日中の学生が集まって、誰かの誕生日に「餃子会」として称して、宿舎内で（禁じられていた電炉を使用して）、いろんなものを餃子の皮に包んで食べた思い出は昨日のことのように思い起こす。

その時に、校庭でバドミントンを一緒に楽しんだり、学校の体育館で仲間と一緒に映画を見た中国の友人と、つい数年前にネット上で再会した。いまは、アメリカで大学の先生をしているらしい。中国留学での出会いは、本当に一生ものだと思う。

とりとめのない文章になってしまった。結論はとくにない。少しでも役に立てれば嬉しいが、食わず嫌いはよくない。中国に留学できれば最高だが、旅行でも、仕事でも、とにかく触れ合うことから始まる。引っ越すことのできないお隣の国だから。

西田　実仁（にしだ まこと）

昭和三十七年八月二十七日東京都田無市（現西東京市）生まれ。昭和六十一年三月慶應義塾大学経済学部卒業。昭和六十一年四月㈱東洋経済新報社入社。「会社四季報」記者、「週刊東洋経済」副編集長を経て、平成十五年四月退職。参議院行政監視委員会理事、憲法審査会幹事など、公明党参議院会長、同選挙対策委員長、税制調査会会長、同埼玉県本部代表。著書に『日本元気宣言』、『まことの「底力」宣言』。

世界で一番美味しい食べ物

清華大学留学生　原　麻由美（清華大学）

たとえ国籍が同じではなくても、血が繋がってはいなくても、私のことを支え、愛情を注いでくれた人がいました。餃子は太陽となり私の心を照らし、私と継父の間に国境、血縁をも超えた親子の絆をくれたのです。

人と人との絆。それは時に国境をも超えることができる、心と心の繋がりである。十年という長い月日の中で、本気で何度もぶつかり合い、そして誰よりも近くで支えてくれた人は、十年前私が一番敬遠していた中国人継父でした。

忘れもしない二〇〇八年の夏、私の人生を大きく変える出来事がありました。私は家庭の事情により、日本の中学校を転校し中国で生活することを余儀なくされたのです。住み慣れた町を離れ、新しい環境、ましてや海外で暮らすことへの不安。大好きな友達、クラスメイトとの突然の別れ。あの頃まだ十二歳の私にとっては状況を整理するだけでも精一杯でした。

そんな時、継父とレストランで初めて会いました。日中ハーフではあるが中国語が全くわからない私と、日本語が全くわからない中国人継父が唯一交わせる言葉は「ニーハオ！」だけでした。私が新しい中学校に通い始めて中国語が少し話せるようになってからは、放課後に中国語を教えてくれたりもしました。当時私は継父を母の友人の一人としか思っていなかったのですが、会う回数が増えるにつれ子供なりに色々と理解していきました。それでも、私はどうしても継父を受け入れることができませんでした。

中国語を勉強し始めて一年が経った頃、私は中国現地の学生のみが通う中学校へと転校しました。毎朝七時半から午後五時半までの授業、放課後には中国語、英語、数学の塾に通い詰め、夜十時にやっと帰宅し、学校の宿題をこなし夜中にやっと眠りにつけるという勉強漬けの日々でした。まだ流暢とは言えない中国語で中国現地の

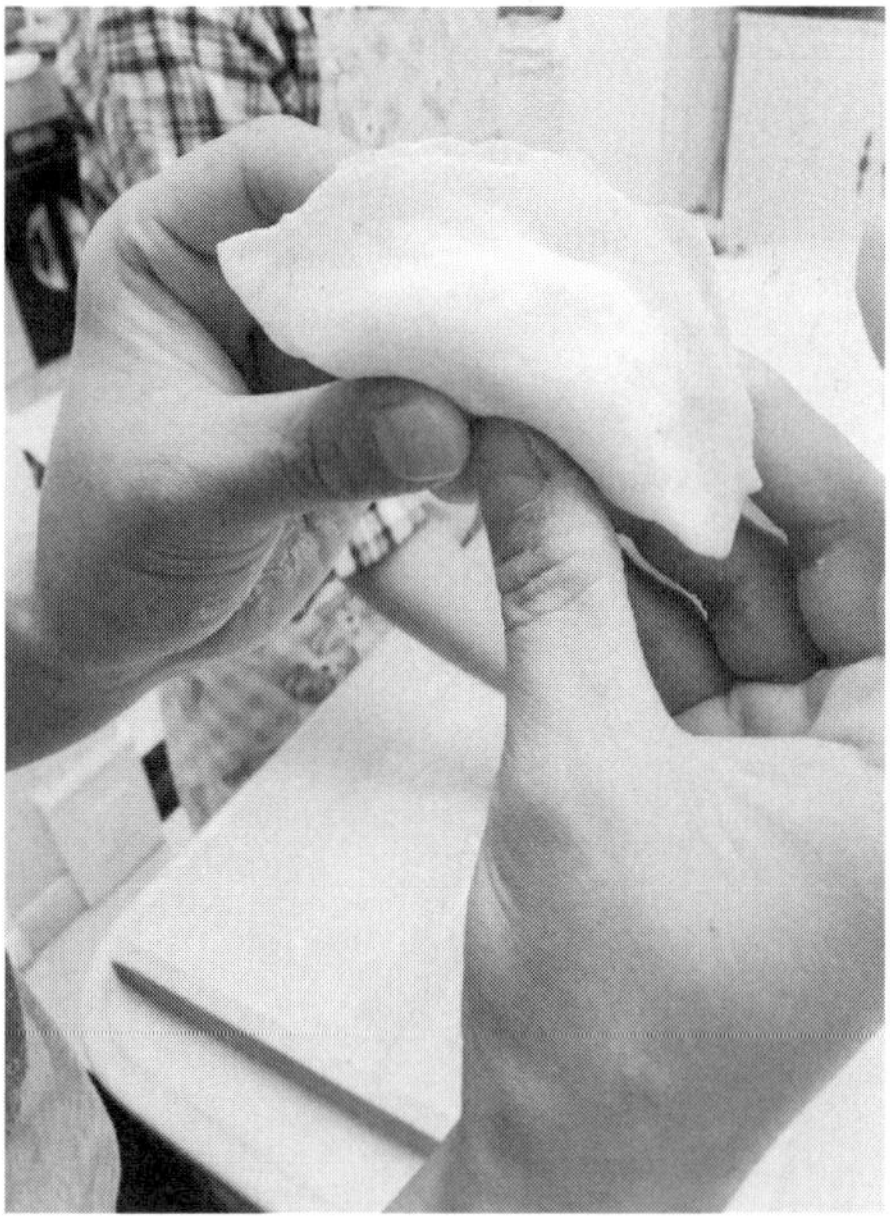
2016年、遼寧省にて家族と餃子作り

清華大学卒業式での一枚

学校に通うということは、自分の想像をはるかに上回るほど厳しく、過酷でした。このような生活をしているのは学校唯一の留学生の私だけではなく、中国の学生達も毎日勉強に明け暮れていました。私は中国の学生達の勉強熱心さに驚かされたと同時に危機感も感じていました。私がこんなに頑張って勉強している時に、他のクラスメイトも当たり前のように勉強をしているという現実。当時クラスで成績がビリの私はその現状をなかなか受け止めきれず、成績表が配られる度に家に帰っては泣いていました。「留学生が中国現地の学生と成績を比べる必要はない。ビリで当たり前、ビリでもいいや。頑張ってもずっとビリならもう頑張りたくない」と考えるようになり、家の中でも常にピリピリした状態で家族に接してしまいました。

反抗期真っただ中の私に、継父はいつもより積極的に話しかけてくるようになり、そんな継父を私は鬱陶しく思うようになりました。ぶつかり合うことも増え、心に思ってもいない言葉を言い、継父を沢山傷つけることも日常茶飯事でした。

そのような日々が続いたある日の放課後、いつも通り家に帰ろうとした時、学校の前に見慣れた赤色の車が止まっていました。車に近づいてみると、そこには母ではなく、継父の姿が見えました。とりあえず車に乗り込むと、継父は何も言わずに車を運転し始めました。いつも通り学習塾に向かうのかと思いきや、着いた先は大きな公園でした。そして車から降りるなり継父はこう言いました。「今日は塾を休もう。勉強のことは考えずに、たまにはアイスでも食べながらゆっくりしようか」。一本三元のバニラアイスを片手にベンチに座り、お互い一言も発さずに、ただただひたすら芝生を眺めていました。日も暮れ始めた頃、私達は近くにある餃子屋さんに入り、夕食を食べることにしました。熱々の餃子を口いっぱいに頬張っている時に継父は長い沈黙を破り、優しい言葉をかけてくれました。

「ビリは格好悪いことじゃない、たとえ今成績がビリでも、あなたは確実に進歩している。一年間だけ習った言語で全科目勉強しているあなたと、母国語で勉強してきたクラスメイトの成績は違って当たり前なのだから。クラスメイトを目標に頑張り、過去の自分を超えて、どんどん進歩していけばいい」。その言葉を聞いてから、今まで悩んでいたことが嘘のように、心がスッと軽くなりました。

そして、餃子は中国人にとってとても大切な食べ物だと言うこと、「上車餃子、下車麺」という言葉があるように、餃子には物事や、行く先々が順調であるようにという深い意味があること、私がこれから歩む道が順風満帆であるようにという願いを込めて、今日餃子を一緒に食べたということを、継父は教えてくれました。

当時は照れくさくて言えませんでしたが、私はあの言葉に本当に救われ、今でもあの時の餃子館を、餃子の味を鮮明に覚えています。

餃子を食べ終えた後、継父は少しお茶目な表情で私に、「今日塾を休んだことはお母さんには内緒ね！」と言い、初めて二人だけの秘密ができました。それは私にとってはとても大切な思い出であり、未だにこのことを母には秘密にしています。

それからゆっくりではありますが、どんどん継父を家族として心から受け入れられるようになり、心から尊敬するようになりました。

その年の春節休みに、私は継父に今年の春節は家族みんなで一緒に餃子を作ろうという提案をしました。春節は中国で最も大切な日であり、春節の前日には家族で硬貨が入った餃子を食べます。餃子の中に入っている硬貨の数は家庭によりそれぞれですが、硬貨が入った餃子を食べ当てた人は次の年、運が良くなると言われています。その他にも家族で一緒に団欒《だんらん》して食べる物という風に認識されています。

私が落ち込んで自暴自棄になっている頃に、餃子の「順風満帆」という意味をプレゼントしてくれた継父に、私は餃子のもう一つの意味、「団結、団欒」をプレゼントしたかったのです。餃子作りを通して、私は血は繋がっていなくても継父のことを本当の家族だと思っているよ、ということを伝えようと思ったのです。

その提案に継父も、私の母もとても喜んでくれました。そして、私の兄も含めた四人で餃子を包み、談笑をしながら、お腹がはち切れそうになるほど餃子をいっぱい食べました。その夜は間違いなくきっと、私と継父と母と兄が本当の意味でちゃんと家族になれた日だと思っています。心からぽかぽかとなるくらい暖かい春節を家族で過ごしたことを私は忘れることはないでしょう。

たとえ国籍が同じではなくても、血が繋がってはいなくても、私のことを本当に心の底から考えてくれ、真摯に向き合い、歩み寄って、支えてくれ、十年にわたる中国留学生活の中で、餃子に負けないくらい熱々の愛情を注いでくれた人は、紛れもなく継父でした。

餃子は太陽となり私の心を照らし、希望を与え、私の中国留学生活を支え、私と継父の間に国境、血縁をも超えた親子の絆をくれたのです。そして国境をも超え、人と人の絆を強くし、心と心を繋げてくれる、世界で一番美味しい食べ物だと、私は思っています。

今年の夏、私は大学を卒業し中国を離れ、日本に帰国します。約十年の時間を中国で過ごした私にとって、中国は第二の母国であり、大好きな国です。長い留学生活を経て、大変なこと、辛いことも沢山ありましたが、それ以上に数えきれないほどの楽しいこと、学べたことがありました。中国現地の中学校、高校、大学で勉強、生活をし、普通の留学生では経験できないようなことも経験することができました。中国の方々とふれあい、中国現地の文化を学べた経験は私の誇りであり、一生の宝物です。中国での素敵な思い出を胸に、中国の魅力、中国の文化をもっと多くの人々に伝えていきたいと思っています。

原　麻由美（はら まゆみ）

二〇〇八年九月中国・東北育才学校国際部入学。二〇〇九年九月遼寧省阜新市第一中学転入学。二〇一一年六月同中学卒業。二〇一一年九月遼寧省阜新市実験高校入学。二〇一二年九月北京第四高校転入学。二〇一四年六月同高校卒業。二〇一四年九月清華大学新聞学部入学。二〇一八年七月同大学卒業。

私が西安を選んだ理由

会社員　池本　美智代（西北大学）

中国の魅力は人口の多さ。そして長くて魅力ある歴史にある。私が留学先に西安を選んだ理由は、中学生の頃父親と見ていた番組「シルクロード」と、お習字を通じて印刷物として見ていた石碑に起因している。

一九九六年三月二十六日、私は神戸港から上海港を目指す船で初めての中国へ向かった。「遣唐使」の気持ちになって留学するためであった。二泊三日目の早朝、甲板から眺めた上海の景色が昨日のことのように思い出される。霧の中に立ち込めて奥深く聳える一九九六年の上海、当時は浦東地区も空き地のようだった。翌日、上海駅から西安行きの列車に乗り、約二十四時間寝台列車での旅が始まる。

中国で見る景色はすべてが初めて見るものばかりだった。どこまで行っても変わらない見渡す限りの畑。ぽつんと現れる人が住んでいる農村風景に「モ～ぉ～」と牛の鳴く声。そして、人見知りせず話してくる車中の中国の人たち。私は呆気にとられて寝台車の窓越しにある腰掛に座ってぼーっと見ている間に眠り込んでしまった。

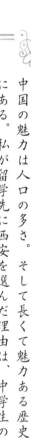

“不到長城非好漢”——留学中の初北京の旅　西安駅にて

当時、携帯電話もパソコンもなかった。

目を覚ますと、そこは陝西省の西安市、私が夢に見ていた地。日曜日の早朝だった。黄土高原の黄砂が舞っている日ではなく、雨上がりの霧かかっていた。生活感のある土のにおいがした。私の憧れの西安での生活がスタートした。船も列車もなかった時代、遣唐使たちはどんな行程を経て、西安までやって来たのだろう……。昔の留学生たちに想いを重ねると、船で来たことも汽車で二十四時間揺られてきた疲労感も忘れられた。西安駅から西北大学へ向かう道中のバスの車窓から、これまた見たことのない景色を見た。「城壁」である。北門をくぐる時心の中でキャーっと叫びたくなる自分がいた。長安を目指す遣唐使の気持ちみたいに。城壁の中は実に碁盤の目で将に京都の原型を見ていると実感した。

留学生楼の中で生活していたが、外の世界へ出ると、毎日すべてが新鮮だった。その理由は人口の多さに起因していた。キャンパス内では朝六時前からエリアごとに早起きの学生が集まって英語の音読、太極拳、体操をしていた。一人一人が目的意識を持って何かに取り組んでいた。雑念がなく眼差しが真剣そのものだった。キャン

我的自行车，它叫"小海贝"!! 西安生活の大切な仲間でした。留学生楼前にて

パス中のポジティブな空気が渦を巻いて、ぐるぐる龍のように空へ登っていくような勢いが学生たちにあった。そんな学生の中に一緒にいると、私も日々成長できそうな自信ができた。ある日、仲良くなった女子学生を寮に尋ねてそこで見たことのない景色に驚愕。小さな一部屋に二段ベッドが四つ置いていて八人の学生さんが共同生活をしていた。そして、早朝トイレに行ったら大変。当時は十数メートル溝の上に立ってしゃがんで用を足す方式だったが、一方からちょろちょろと水は流しているけど水流は一気には流れず、ひとり一人の作品が並んでいるので、まるで博物館のようだな～……と驚いたことがまるで昨日のことのように思い出される。

中国の魅力……それは、まぎれもなく人口の多さ。そして長くて魅力ある歴史にある。私が西安を選んだ理由は、中学生の頃父親と見ていたドキュメンタリー番組「シルクロード」とお習字を通じて印刷物として見ていた石碑に起因している。腕時計も計算機もなく、交通手段がなく駱駝と共にシルクが東西を行きかった時代に人々は未知の世界を目指し、太陽と月と星を目印にてくてく歩いて行った……そんな歴史ストーリーにドラマを感じ、西安はいつしか私の憧れの土地になっていた。その地に私が立ったのは二十歳のこと。当時、私はリンゴの皮も剥いたことがない程、何もしたことがない小娘で初めて親元を離れて夢にまで見た「長安」という古都で毎日歴史探索や違う食べ物屋さんで注文することを冒険していた。授業で習ったことを実践できる喜び、図鑑でみていた風景を自分の足で尋ね目でみて触れる冒険の宝庫であった。当時、ＢＢ机（ポケベル）が流行った時代で、中国名「池小芳」で電話交換局へ電話してメッセージを送ったものだ。また、急がないときは、学級ごとの郵便物ポストの隙間から恋文を忍ばせたこともあった。人とのつながりが有機的であった。

帰国して休学していた外大・中国語学科を卒業した後、私は再び中国・西安へ戻り現地就職した。毎日のように西安を訪れる観光客の人のお手伝いをしたくて、この街を好きになってもらいたくて、ホテルのフロントに立った。きっと、私の情熱は伝わったのではないかと思う。一九九八年当時、観光客の方「よく一人で住んでいますね。」私「この町が好きなんですよ。」観光客の方「立派。行動力ありますねー」と褒めてもらったものだが、賞賛に値するのは、両親だと思う。私の人生は、中国留学の礎の上に成り立っている。

日中の歴史……、それは遣隋使・遣唐使に見て取れる学び合いの中にもあったのではないだろうか。経済、技術、科学の発展よりも大事なもの、人の「こころの時代」に突入しようとしているのではないだろうか。

池本　美智代（いけもと　みちよ）

一九七四年生まれ。大阪府生まれ。二十歳から中国西安へ一年間の語学留学を経て、外国語大学中国語学科卒業後、西安で現地就職しホテルのフロントで日本人観光客をサポート。帰国後商社、メーカー勤めを経て、米国企業へ転職し海外生活計十年間を自身の人生の冒険と言っている。将来の夢は、海外のお客さんが来るB&B（Bed and Breakfast）を経営し若者の夢を応援する退職生活をおくること。

中国を知るということ

大学生　井上 愛梨（清華大学）

中国というこの大きな国を小さな枠組みで捉えることはできない。一見シンプルだが、中国を知るということこそが、日中間に存在する見えない壁や溝を取り除くために必要なことではないだろうか。

私は北京の清華大学に留学に来て八カ月が経った。この八カ月間を振り返り、私の中に生まれた変化をここに記そうと思う。

留学開始当初、私を待ち受けていたのは言語の壁であった。言いたいことがうまく相手に伝わらないばかりか、リスニング教材とは比べ物にならないスピードで話される現地の方言混じりの中国語には、まさにお手上げ状態だった。

ある日、日本からの荷物が届いた。配達員から受け取り依頼の電話があったが、広大なキャンパス内の受け取り場所、そこまでの行き方、受け取りに必要な番号がまるで聞き取れない。最終的に「そんな拙い中国語では意思疎通ができない」と一方的に電話を切られてしまった。一応、日本の大学で約二年半も中国語を学んでから留学

笈川特訓班（語学交換合宿）参加時の９人の中国人ルームメートたち

に来たのだ。肝心の聞き取るべき情報は散々聞き取れず、小さなプライドが傷つく最後の言葉だけは聞き取れてしまった。歯を食いしばった。悔しかった。

こうして、大きな不安を抱えて始まった留学生活ではあったが、その後たくさんの人との出会いと支えの中で、私の中国語能力は悔しさをばねに大幅な成長を遂げた。しかし、この八カ月で手にしたものは語学力だけではない。私にとって一番の収穫は、中国という国を自分の目で見て、感じ、そして好きになる機会を得られたことである。この八カ月の留学生活を通して、中国という国について知れば知るほど、その魅力に引き込まれていった。

中国人はとても親切で情に熱い。私が留学中慣れない環境で身体を壊し入院した際、真っ先に入院先の病院の場所を聞き、飛んで駆けつけようとしてくれたのは中国人の友人だった。タクシー運転手は、留学生の私に色んな話を聞かせてくれるし、咳をする私を心配してのど飴を分けてくれた人もいた。

中国は発展し続けている国である。レストラン、自販機、コンビニ、屋台、あらゆる場所でスマホ決済が使える。さらに、デリバリーサービスが発達しており、ピザ

清華大学在学中のクラスメートである韓国人留学生と蘇州にて

だけでなく、ファストフードや本格的なレストランの食事、そして食べ物以外にも生活用品や市販薬までもがすぐ手元に届く。もちろんデリバリーの支払いもスマホ決済である。最近では、自転車のシェアリングサービスが急速に発展・普及しており、町中の至るところに停めてある自転車を自由に乗ることができ、乗り終わればどこで乗り捨てても問題ない。スマホアプリを活用した中国の便利で快適な社会システムには目を見張るものがある。

このように、中国という国にすっかり魅了された今、一つ気づいたことがある。それは、以前の私のような中国に対する態度が、日中間の見えない壁や埋まらない溝をつくっているのではないかということだ。思い返してみれば、私が中国への留学を決めた際、家族、親戚、友人は決して賛成的ではなかった。確かに、歴史認識の相違や領土問題など日中両国が抱える問題は少なくない。しかし、中国はとても大きな国である。風習や方言は地域によって異なり、その差は私たち日本人の想像をはるかに超えるものだ。また、中国人は世界で最も人口が多い。声が大きい人もいれば小さい人もいるし、列に並ばない人もいれば並ぶ人だっている。多くの日本人が抱いているようなイメージは、中国のほんの一面に過ぎず、中国というこの大きな国を小さな枠組みで捉えることはできない。一見シンプルだが、中国を知るということこそが、日中間に存在する壁や溝を取り除くために必要なことではないだろうか。

　私が中国留学中に年越しを迎えた今年二〇一七年は、日中国交正常化四十五周年の年である。そして、来年二〇一八年には日中平和友好条約締結四十周年を迎える。これを機に、日本に暮らす人々が改めて中国という国について知り、そしてその関心が日本側から日中友好へと歩み寄る大きな第一歩となることを期待するとともに、私自身もこの八カ月間の忘れられない中国留学での経験を強みに、これからも中国に携わり、寄り添い、この国の魅力を発信し続けていきたい。

井上 愛梨（いのうえ あいり）

一九九五年一月九日生まれ。兵庫県神戸市出身。親和女子中学、親和女子高等学校を卒業後、大阪大学 外国語学部外国語学科 中国語専攻へ進学。二〇一六～二〇一七年、中国北京の清華大学に交換留学中に本作品を執筆。二〇一九年大阪大学を卒業後、トヨタ自動車株式会社に入社。現在、海外営業部門 中国部に在籍。

百聞は一見に如かず

大学生　上村　彩華（復旦大学）

中国は頭の中で想像できるほどちっぽけな国ではなく、文化や慣習、すべてが想像以上でした。留学や旅行などを通じて、多角的に中国を見て、「百聞は一見に如かず」と考える方々が増えると良いと思います。

「百聞は一見に如かず」な国こそ、中国である。

私は上海の大学に今年の二月から一カ月に亘って留学していました。一カ月という短い期間ではありましたが、中国の印象は良い意味で裏切られました。頭の中で想像できるほどちっぽけな国ではなく、中国ならではの文化や慣習、すべてが想像以上でした。

日本にいるときに感じていた中国のイメージといえば、「PM2・5」でしたが、中国の空気は思っているよりも澄んでいる上に花粉が飛んでいないため、花粉症の私には良い気候でした。他にも、中国は日本と比べて時間の感覚が早く、留学中の授業は朝の八時から始まりました。良い意味で日本より騒がしく、外から聞こえてくる人の声や救急車の音で毎朝五時過ぎには覚めていたように思います。また、事件が多く、私が泊まっているホテルの

留学時にクラスメイトと太極拳を学んだときの記念写真

裏の家が火事になっていたり、交通事故の当事者同士が道の真ん中で喧嘩していたり、穴が空いている道路に片足を突っ込んだりしました。毎日事件が起こるため、刺激的で、飽きない生活を送りました。日本で過ごしているときには感じられない雰囲気はたまらなく私の心に深い印象を与えてくれました。

中国で特に衝撃を受けたことは、トイレと経済状況です。中国のトイレは、水に溶けないためにトイレットペーパーが流せず、横に設置されているごみ箱に捨てるというシステムでした。更に、元々トイレットペーパーは自らが持参しなければならないということに驚きが隠せませんでした。日本では信じられない光景です。それは中国の経済状況に関しても共通していました。ＧＤＰが現在世界第二位の中国の経済社会は、お会計に財布を持たず、携帯一つのみで会計を済ましてしまうことが主流となっていました。また、前の日には繁盛していたお店が、次の日には潰れていたことや、潰れたお店に新しいお店が開店していたことも「日常」としてありました。

中国で非常に興味深いと思ったことは、交通機関です。例えば、地下鉄では、開札を通る際に手荷物検査を受け

漢服の中でも唐の時代に流行った「斉胸襦裙」を試着したときの写真

なければ通ることができませんでした。ただ、料金が百円以内という安さでしたし、且つ、詳しく乗り換え案内が書かれているため、何度も活用していました。活用しすぎて慣れてしまったせいか、現地の人に地下鉄の乗り方や、切符の買い方を聞かれ教えることもありました。他にも中国はバイクに乗っている人が多く、バイク専用の車線があるため、横断歩道をバイクが通ることも日常茶飯事でした。クラクションを鳴らし続けていったり、車は当たる寸前の距離であっても遠慮のない速さですり抜けていったりすることも多々見受けられました。

中国で心温まる体験もしました。地下鉄に乗車している際、一人のおばあさんが乗られた瞬間に車内で座っていた人が皆立ったのです。席を譲るためとはいえ、皆が皆立つことなんて日本では考えられません。他にも、留学している間に泊まっていたホテルの方が何日かおきに果物を部屋に置いてくださるということがありました。中国の方の心遣いは、日本と変わらない部分もあると思いましたし、むしろ、日本人として見習わなければならない精神性があるのではないでしょうか。中国の大学に通う日本の方が、「日本には日本の、中国には中国の良さがあり、互いに学ぶべきことがある」と仰っていたことが私の経験したことと混ざり合って頭の中に蘇ります。

　私が接した大半の方は、一度仲良くなれば非常に友好的に接してくれる方ばかりでした。現在でも連絡を取り続けている友だちがいて、時間が合うときはお互いに母国語や文化を教え合っています。最近では、中国の太極拳や日本の茶道について話し合い、中国語の提出課題の添削をお願いしています。

　日本にいるだけでは感じ取ることのできない中国の魅力というものは、語りつくせません。中国へと行く前の自分は、いかに一方的な視点だけでその国のことを知ったような気でいるかに気付かされました。私を含め中国に対して固定化された印象を持ってしまいがちな日本の方はほかにもいらっしゃるでしょう。留学や旅行などを通じて、直に中国という大地に足をおろしてみてください。「百聞は一見に如かず」だと分かる日はすぐそこに待っています。

上村　彩華（うえむら　あやか）
三重県松阪市で生まれ育った。平成二十一年に私立梅村学園三重中学校、平成二十四年に私立梅村学園三重高等学校、平成二十七年に皇學館大学の文学部国史学科に入学した。国史学科で近代の日本の歴史を専門に研究しており、大学の三年生の春、近代の日本と中国との関係を幅広い観点から客観的に両者を比較したいと考え、中国の復旦大学に留学した。現在は、留学経験を活かして研究を進め、大学の特待生として勉学に励んでいる。

「ナンチエンジュー」を通るたびに思い出す、あの人たちと僕の居場所のこと

記者　高橋　史弥（復旦大学）

上海の留学生活における僕の居場所は、大学の向かいにある食堂だった。全てが順風満帆とはいかない日々の中で、いつもと変わらないあの店、あの店主、あの滑蛋牛肉飯の味は、僕にとっては心の支えでもあった。

「ナンチエンジューだよ、もう少しであそこに店を開けたのになあ」。

一体何のことだか、全く分からなかった。

上海・復旦大学のキャンパスから、道を挟んで向かいの二階にある飲食店。五十代くらいの店主は、くたびれた常連客の学生が日本人だと知ってからというものの、仕事をサボっては「ナンチエンジュー」への未練を語るのが習慣になっていた。

二〇一〇年に上海での留学生活を始めてから、この店が僕の居場所になるまでそう時間はかからなかった。キャンパスから近いのもあるが、何より安い。お気に入りの「滑蛋牛肉飯」は六元だ。塩味が効きすぎているのが僕の好みだった。

ほぼ毎日やってきては同じメニューを頼む日本人は、

食堂のマスターと私

ほどなくして店主の好奇の対象になってしまった。店員も僕が注文をするより前に、顔を見ただけで厨房を振り返り「滑蛋牛肉飯！」と叫ぶ。どうせいつも同じものを食べるからだ。五元ほどするココナッツミルクも勝手についてくる。後ろめたさではないが、店主が絡んできても断れなくなった。

だが実際は、仕事をサボる口実を見つけた店主よりも、助けられていたのは僕だったのかもしれない。

全てが順風満帆な留学生活ではなかった。本科生として留学したため、授業も試験も全て中国語だった。それに、単位を落とせば留学を続けられなくなるプレッシャーもあった。そんな状況で、日本人の先輩たちと仲違いを起こした。

やれることは何でもやる、そんな自分の意気込みを「人生疲れるよ」と一笑されたのに反論したことがきっかけだったと思う。「生意気な後輩」への制裁は簡単だ。レポートや試験対策の輪から外してしまえば良い。追撃とばかりに、先輩のブログには僕を名指しで批判する記事が並んだ。見るのも嫌になった先輩たちのにやけ顔は、布団に潜っても夢の中にまで出てくる始末だった。

いつも食べていた料理

そんな僕にとって、いつもと変わらないあの店はどれほど貴重な存在だったかと思う。滑蛋牛肉飯はいつも塩味がきついし、店主はこっちの気持ちなんてお構いなしに聞き取りづらい方言で「ナンチエンジュー」への思いを語り続けるし、店で飼っていたトラ猫は僕のご飯を狙ってくるし。そこにあるのはいつもの光景でしかなくて、思い出したくもない先輩の顔も、ブログの文面も、不思議と店の中までは追っかけてこなかった。

結局僕は、中国人の友人に助けてもらうことで、無事に復旦大学を卒業できることになった。帰国の前の日、友人が送別パーティーを開いてくれた。楽しかったが、朝までコースはやめにした。どうしても行きたい場所があったからだ。夜十時ごろ。上海の中心地はこの時間でも昼のように明るかったが、大学の周りはもう真っ暗で人気もない。キャンパス目の前の道路を渡り、木製の階段を登っていく。通算百回を超えているのに、どんな顔をしていいか分からない。店の扉を開けると、僕以上に表情に困っている店主と家族が待っていた。

閉店後の店内はしんと静まり返っていて、それにつられて僕たちも言葉少なになっていった。「明日帰るのか？」「そうだよ」同じ会話を何度も繰り返した。思えば、この日々に終わりがあるなんて考えたこともなかった。僕たちにとっては突然「最後の夜」が来たような気持ちで、話す内容が浮かんでこなかったのかもしれない。紙とペンを渡される。当時はウィーチャットがなく、仕方なくメールアドレスを書いて返した。多分、メールなんか送ってこないだろうな、とわかってはいたけれど。

　何時間そこにいたかは忘れてしまった。ただ翌日、日本へ帰る飛行機に乗り込む時、全身を透き通るような満足感が包んでいたのを今もはっきりと覚えている。僕にまとわりついていた、消えないインクの染みのような悪意は、もうそこにはなかった。

　上海は、飲食店の入れ替わりが極端に激しい。だから、帰国して二、三カ月後に、あの店のあった場所が空っぽになってしまったのを耳にしても驚きはしなかった。メールボックスを何度か見直したけれど、店主からのメールは来ていなかった。

　今はもう、店主と連絡を取り合う方法はない。それでも別に寂しくはない。目を閉じて、思いを馳せれば、あの滑蛋牛肉飯の、ちょっと危機感すら感じる塩味が浮かんでくる。それで十分だ。きっとあの味を通じて僕と彼らは今もつながっている。彼だって、どこかで飲食店をやっているならば、滑蛋牛肉飯を注文されるたびに、あのくたびれた日本人を思い出すだろう。

　それでも、日比谷線に乗ると、ふと彼らを思い出す時がある。電車が南千住に到着する。もしかしたら彼は一度は破れた夢を叶え、ここに店を構えているかもしれない。そしたら、駅くらい使うよな、そう思いホームを見渡してしまう。懐かしい顔が見つかることはない。それでも、あの日々が笑いかけてくれたようで、僕もちょっと笑いながら、また次の駅へ向かっていく。

高橋 史弥（たかはし ふみや）

一九九〇年東京都世田谷区生まれ。高校生一年生から中国語学習をはじめ、早稲田大学法学部在学中の二〇一〇年から復旦大学新聞学院コミュニケーション学科へ本科生留学。二〇一三年に同大学を卒業。卒業後はＮＨＫに記者として入局し静岡県や長野県で勤務。二〇一九年よりハフポスト日本版ニュースエディターとして、中国・東アジア、外国人との共生に関する取材を担当。

行って、見て、驚いた！　私の中国生活

会社員　内藤　樹里（同済大学）

私にとって『三国志』のイメージしかなかった中国。実際に行ってみたら想像を絶するカルチャーショックに戸惑いましたが、今では中国語も中国人も大好き。中国と日本の架け橋となれるよう努めていきたいです。

こんにちは、内藤樹里です。

私は中国が大好きで、自己紹介するときには「中国」から離れることができません。なぜなら、私は高校から大学までの計七年間を中国で過ごし、現在も中国系企業で仕事をしていて、これからも大好きな中国と関わりあっていきたいと思っている旨を伝えているからです。

そんな自己紹介をすると、まず先に聞かれるのは、「なんで高校から中国へ行ったの？」ということです。

私の答えは、「中国に行きたかったから」です。

私が中国に興味を持ったのは、中学三年生の秋ごろでした。ある日、家に帰ると「高校留学」と書かれたパンフレットが机の上に置いてあるのを見つけ、その中に、中国上海での留学について書かれているページがありました。

私にとって中国と言えば『三国志』というイメージしかなかったのですが、そのパンフレットを見ていたら、たくさんの高層ビルやうっとりするほどきれいな夜景が目に入りました。そのギャップに私は心を奪われ、「自分の目で中国という国を見てみたい！」と、一度も中国に行ったことのない親に、「中国に留学させてほしい」とお願いし、中国留学に行かせてもらいました。

大学の卒業式にて

そんな期待満々で行った中国での生活は、想像を絶するカルチャーショックに戸惑いを隠せませんでした。初めて親元から離れ、極度のホームシックにかかり、中国人はみんないつも怒っているように見え、お店の店員さんは冷たく、想像していた中華料理は口に合いませんでした。

慣れるのにすごく時間はかかりましたが、私が中国に行きたいとお願いしていかせてもらったので、家族に弱音は吐けず、現地で中国語を一生懸命勉強し、中国人とコミュニケーションできる場所へたくさん行き、いろんな所へ行っておいしい中国料理を探しました。

その甲斐あり、私は今では、中国語をしゃべると生き生きすると言われるほど楽しく、中国人を見ると親近感で心が躍り、中国料理は本場の味に目がなく、虜になりました。

中国語のどんなところが好きかというと、日本語をしゃべっているときの自分とはまた違う自分になれるところです。

日本語ではおっとりしたしゃべり方だとよく言われるのですが、中国語をしゃべると声が大きくてはきはきし

学部棟前にて

ていると言われます。しかも、日本語だと曖昧な言い方が好まれると思うのですが、中国語でははっきり言うことができるため、話していてすごく気持ちがいいです。

中国語を聞くのも大好きです。特にC－POPは今でもよく聴いていて、うっとり聴き入ってしまうほど、大好きです。歌も素敵ですが、朗読や世間話をしていても、中国語は本当にきれいな音だと思いながらきいています。

また、中国人も大好きで、中国人は一緒にいて気が楽だと感じます。もしかしたら思春期を中国で過ごした影響や、たくさんの中国人に助けてもらった記憶もあるからか、私にとって、中国人は外国人だと思えないほど親近感でいっぱいです。

中国人とのコミュニケーションで一番好きなのは、女の子同士でも腕をくんだり手をつないだりするところです。中国にいった最初の頃は、女の子同士が手をつないでいる姿をみて、すごいカルチャーショックをうけましたが、今では逆に安心しています。

他にも、中国料理も大好きです。中国料理と言えば、ギョーザやラーメンと言った中華料理をイメージしていましたが、中国に行って初めて、とても奥深いことを知りました。

私が現地で食べて特に美味しいと感じたのは、東北料理、広東料理、福建料理、新疆料理です。東北料理はとてもシンプルなのに、何度も食べたくなる味付けがとても好きです。広東料理と福建料理は、薄味なのに味わい深く、日本に帰ってきた今でも恋しくなるほど好きです。新疆料理はスパイスがきいていて病みつきになる味が大好きです。

私は大学生の頃、中国人とルームシェアをしていました。約三年、中国人と一緒に暮らして、たくさんの学びや気付きがありました。

例えば、中国人女性は冷たいものを好まない上に、私が冷たいものを飲んだり食べたりしようとすると、注意してくれ、中国人男性からも注意されたことがありました。最初の頃は正直、「面倒くさいな……」と思っていたのですが、ルームメイトの影響もあり、冷たいものを口に入れないようになってから、お腹が痛くなることが減ったり、体温が上がったり、たくさんの恩恵があることに気づき、常温のものや温かいものが大好きになりました。

他にも、ナツメを食べた方がいいと教えてもらったり、クコの実のお茶を勧めてもらったり、おやつはナッツ系（ヒマワリの種やスイカの種、ピーナッツなど）をよく食べていたりと、こういった当たり前の日常生活を垣間見るだけでも、中国人は身体のことを考えた選択をしていて、身体をとても大事にしていることが身にしみてわかりました。

これからも引き続き、中国と日本の架け橋となれるよう、両国の理解に努めていきたいです。

内藤 樹里（ないとう じゅり）

一九九一年神奈川県生まれ。中国に対して、『三国志』のイメージしかなかった中学生の頃、上海バンドの写真で中国に惹かれ、二〇〇六年より単身で中国上海に留学。現地の高校、大学に進学し、計七年間を上海で過ごした後、日本に帰国。現在は中国系企業勤務の傍ら中国語教師や、ブログ「JURICHINA（https://juri-china.com/）」にて中国情報を発信中。将来は、中国が大好きであるという個性を活かし、中国留学支援などの日中友好促進活動を行っていく予定。

人生の〝転折点〟

短期大学教員　古川　竜治（東北師範大学）

一年間の中国留学生活は、その後の自分にとって人生の〝転折点〟であった。中国の先生や友人たちとの交流や、中国の新しい時代の幕開けの瞬間を肌身で感じた経験は、その後の自分が歩む道筋をも照らし出した。

「中国に行って、中国人全員に一枚一円のハンカチを売ったらいくらになると思う？　十億円以上だぞ、十億円！」

今でもはっきりと覚えている一九八二年、高三の政治経済の授業。そこで先生が我々生徒に投げかけたこの一言が、その後三十数年の付き合いとなる私と中国との初めての出会いとなった。「十億円！」、高校三年生の脳裏にストレートに突き刺さるこのインパクトのある数字は、それまで全く気にもかけていなかった「謎の国」中国という隣国の可能性や夢のようなものを直感的に感じさせてくれた。そして当時大学進学先を決めかねていた私をそのまま中国語学科に導いてくれた。

ただ大学時代の自分にとって、中国語は趣味の域を超えるものではなく、卒業後数年を経て日本語教師という職に就いてみて、はじめて中国語が自分の武器になりうると感じた。そこでもう一度中国語を学びなおしたい気持ちがむくむくと沸き起こり、周囲の心配をよそに職も辞し、初めて留学生の身分で中国に渡った。それは中国と出会って実に十四年後の一九九六年、三十二歳の夏のことであった。

大学キャンパスの“香港返還カウントダウン”パネルの前で、返還前日の1997年6月30日に記念撮影。このあと7月1日午前0時の歴史的瞬間を見るために、留学仲間とともにテレビにくぎ付けとなった

留学先は、吉林省長春市にある東北師範大学。長春市は一九八七年に一人旅で訪れていて実に約十年ぶりの再訪だった。こうして始まった一年間の中国留学生活は、結果としてその後の自分にとってまさに人生の〝転折点〟、ターニングポイントとなるものであった。

この留学での収穫は単なる言葉だけでなく、日本にいては決して得られない貴重な体験や思い出の数々である。わずか一年ではあったが、それらは自分でも想像すらできなかったほど豊かで価値のあるものになった。

まず、中国という異文化社会にうまく適応できたのは何より幸運であり、生活も毎日が新鮮だった。たとえ留学生寮のトイレの断水や部屋の停電が日常茶飯事であろうと、ちょっとした買い物に半日がかりになろうと、一年の半分が最低でマイナス二十五度にもなる、すべてが凍てつくような世界であろうと、そんな日本ではありえない生活環境も、いつしか〝習以為常〟となり、当たり前の日常となった。

大学近くの露店の古本屋。当時は歩道がそのまま“露天商店街”となり、食品から生活雑貨まで様々な店が“開店”。冬場は気温－20℃の寒空のもと、路上に積もった雪の上にアイスキャンディーが無造作に並べられ売られていた

肝心の勉学については、「学びたい」という純粋な欲求から三十二歳にして改めて学生の身分に戻ったこともあり、日々の学習はまさに得難く有り難い貴重な時間だった。その結実として当時のＨＳＫ九級に到達できたことが、のちに仕事をする上でどれほど我が身を助けてくれたか分からない。また大学が企画した留学生の学芸会「漢語節目表演」で、同班同学たちとともにコミカルな小品を披露したことがきっかけで、「吉林省政府主弁首届外国留学生漢語節目表演賽」に出場、三等入賞を果たしたり、瀋陽市で行われた「東北三省首届留学生演講比賽」にも大学代表として参加したりしたことなど、どれもが忘れ難い経験となった。当初先生からこれらへの参加を打診されたときは戸惑いや不安もあったが、「今後経験したくても二度と巡ってこないチャンスだろう」と思い至り挑戦したことは、自分自身に対する自信をもたらしてくれた。

そして歴史的瞬間にもいくつか立ち会えた。一つは改革開放政策の立役者である鄧小平氏の逝去。「一九九七年二月二十日、ラジオをつけると非常に重苦しい音楽をバックに、昨日鄧氏が死去したことを伝えるニュースが

一日中淡々と繰り返し放送された」と当時の日記に記してある。そしてその数カ月後に迎えた香港の中国返還。これも当時の日記を読み返すと、返還式典の様子が詳細に綴られており、七月一日〇時に五星紅旗が誇らしげに掲げられた当時のテレビ映像が、今も瞼に浮かび上がる。このように中国の一つの時代の終わり、そして新しい時代の幕開けのその瞬間を、臨場感をもって肌身で感じられたことは、中国とのつながりを一層深いものにしてくれた。

　中国人の先生や友人、寮の同学たちとの交流とともに、このような得難い貴重な体験や経験は、毎日の授業とその宿題で淡々と過ぎてゆく留学生活に、心地よい緊張感を伴った刺激と豊かな彩を添えてくれるものとなった。

　人生は日々の一瞬一瞬の小さな選択の積み重ねでできている。ほんの小さな何気ない選択がのちになって人生の大きな〝転折点〟だったことに往々にして気づくものだ。高三時代の恩師のたった一言、中国に留学したいという、心の片隅にふと沸き上がった思い。それらを心の中で軽く受け流してしまうことなく選び取ったことは幸運だった。

　中国留学での経験は、人生に彩りを加えてくれただけでなく、帰国後自分が歩むべき道筋を照らし出し、何より仕事に対する自信を与えてくれた。今自分の人生を振り返ってみると、私にとって中国との出会い、そして中国留学は単なる偶然ではなく必然であったのだとさえ思え、かつそれに対する感謝の気持ちが心に自然とわいてくるのである。

古川 竜治（ふるかわ りょうじ）

岐阜県出身、一九六四年生まれ。一九八三年大阪外国語大学中国語学科入学。一九八五年と一九八七年に個人旅行で約三カ月かけて中国をぐるっと一周し、その広大さ、スケールの大きさを痛感。当時の中国は、人民服、糧票、兌換券などがまだ残っている時代で、特に印象的だったのは人々の素朴さ。その後日本語教師として、中国人留学生を中心に現在に至るまで二十年以上にわたり短期大学等で教鞭を執ってきた。妻は中国天津出身。

中国への留学を通して

主婦　吉田　良子（北京語言大学／中国人民大学）

私が中国に対して感じる魅力、それは中国人の温かさ、人に対する熱情、発展への熱気である。その一方で、時代とともに消えゆく風景もある。私は中国の発展の様子に、好ましさとさびしさを同時に感じるのだった。

高校時代漢文が大好きで、大学入学後、中国語クラスを聴講した。その夏に北京への短期留学に参加した。

一九九七年、北京の大学敷地内にある寮は、停電はしょっちゅう、シャワーはすぐ水になった。大学構内はおろか、王府井のメイン道路も工事中で、どこかしこ砂埃がまいあがっていた。胃腸の弱い私は、日本の衛生面とのあまりのギャップからくるストレスと脂っこい食事がたたって、毎朝腹痛で目をさましトイレにこもる日々。旅行に行けば、ホテルのシャワーから石が出てくる。トイレはいわゆるニイハオトイレ（扉なし、横との壁なし）と、日本とのあまりの違いに順応できず、毎日早く帰りたいと泣く一カ月となった。もう二度と中国へは来ない！　と固く誓ったのに、なぜだろう。翌年、その翌年と、なんと大学時代だけでその後三度も中国に旅行や短期留学することとなった。そして、卒業時には、「就職したら資金をためて、必ず中国に長期留学する」と誓った。

北京語言大学の先生・クラスメートと。18カ国からの留学生から成る(!!)20人クラスでした

なぜ中国にそれほど魅力を感じるのか。一言でいうと、中国人の温かさ、人に対して〝熱情〟なところ。そして、発展を続ける中国の街中にあふれる熱い空気。日本とは違う、日本では感じることのできないあの熱気を感じる度に、私はわくわくした。

二十三歳の時、中国留学の夢を叶えた。翌年からは中国政府の公費生になった。中国人のみならず多くの国の留学生と接し、それらは私のこれまで培ってきた意識や考え方を大きく変えた。そして人だけでなく、中国で体験した沢山の出来事も今の私をつくる大きな要素となっている。

その中でも、私にとってとても衝撃的だった出来事がある。中国二年目の春節、私は帰省せず、北京の春節を満喫することにした。廟会や博物館、胡同などを中国人の友人とまわった。そんなある日、和平門の胡同を訪れた。これまでも何度も胡同めぐりはしていたが、これまでは毎回ぶらぶらと見て回り写真をあちこち撮るだけだった。もちろん庭の中に入ってゆっくり中の様子をみたいがそこは人の家。入ることはできないので仕方ないと諦めていた。しかし、ここはこの日一緒に来ている友人が以前住んでいた為、中に入ってあちこちの家をみることができた。門をくぐり、木の彫刻がとても細かく繊細で美しいこと、家がとても複雑に配置されていることに驚いた。感心してあちこち見学していると、友人の以前の近所の住人がいた。私は一緒にいた友人に聞いてみた。「昔ここに住んでいたのだよね？　どうして引っ越してしまったの？　もったいない」。それに対して友人はこういった。「ここでの生活はとても不便なんだ。毎日お風呂に入ることはできないし、トイレだって今のマンションのほうがずっといいよ」。それを聞いて、私は以前日本で見た、あるテレビ番組のことを思い出した。「時代とともに消える北京の胡同」といったようなタイトルの番組だったろうか。それを観て、私や私の周囲の人は皆、とても惜しいことだと思ったのだ。

長期留学して間もない頃の万里の長城。登った回数分の沢山の思い出のある長城です

こんなこともあった。夏に長江三峡下りのツアーに一人で参加したとき、船の中で沢山の中国人と出会った。私は彼らに長江三峡のダム建設について尋ねた。質問する前、私は皆が私と同様に、三峡の名所旧跡が水没してしまうことをとても残念に思っているに違いないと信じていた。しかし、誰一人としてそういう声はなかった。それよりも中国が発展していくことが嬉しいと、皆が声を揃えた。

これらのことは、物事を外側からみるのと実際そこに暮らして経験するのとでは大きく違うのだということを私に実感させることとなった。中国の歴史はとても悠久であり、だからこそ歴史的遺産は当然残した方がいい、と私は信じて疑っていなかったのだ。この経験は私に、伝統文化の保存と近代化について考えさせるきっかけとなった。

最後に中国に旅行してからもう八年以上が経った。あれだけ頻繁に中国に旅行していたのに、子供が生まれた今は、たまに中国の友人とメールする程度だ。しかし、折に触れ、中国で出会った人々やあの時の友人たちのことを思い出す。初めて訪れたころの中国の姿、そしてその後訪れる度に発展していった中国の姿。

ここ二十年程の間の中国の発展をみながら、好ましい気持ちになると同時に、いつも少しさびしい気持ちになる。

吉田　良子（よしだ りょうこ）

静岡県出身。立正大学社会福祉学部卒業後、就職した後、北京語言文化大学（現・北京語言大学）、翌年より中国政府の公費奨学生として中国人民大学にて学ぶ。帰国後、お茶の水女子大学を卒業。神奈川県横須賀市役所勤務後、現在は長野に移住し、三人の子育て中。二〇一〇年「日本青年上海万博訪問団」の一員として上海訪問、二〇一一年「中国語ジャーナル」の読者特派員として上海留学経験。それ以外に十数回の訪中経験あり。

私の上海留学

会社員　河合　美希（上海外国語大学）

大きい国土に五十六もの民族が共に暮らす中国の魅力は一言では言い表せませんが、人々は大らかで、友人や家族を大切にします。本当の中国と中国人の姿を、一人でも多くの日本人に知ってもらいたいです。

私は、小学生の時から中国に漠然とした憧れと興味関心があり、大学では絶対に中国語を学ぼうとその時点で決めていました。

そして、晴れて入学した大学の中国語学科一年次の二月、上海にある上海外国語大学虹口キャンパスに半年間の留学に出発しました。

まずあちらに行って驚いたのは、食事の美味しさでした。種類も家庭料理からして数え切れないほどありました。普段日本では小食の私ですが、特に大学の食堂の中式快餐は安くて種類も多く、味はかなり美味、昼夕食とご飯二杯ずつ、おかず二皿ずつ食べていたところ、体重が瞬く間には五キロ以上増えました。また、その状態は私だけでなく、共に留学に行った友人達も同じでした。日本で食べていた中華料理とはまた違う中国本土の料理

2011年、上海・外灘にて、浦東地区を背に撮影

はまさに中国の歴史と様々な風土環境が生み出したものだと思います。少し口に合わない物もあったものの、食事は留学生活において最も楽しみであり、思い出に大きく残ったことの一つとなりました。

そして、大学の授業では、語学力を上げるためだけでなく、何としてでも自分の言葉で伝える、間違えても恥ずかしがらないで話すということで、やはり口語のテストは大変難しく、また最も自分にとって鍛えられたことでした。

先生と二人の対面式で行われた定期の口語テストの際、自分が興味関心のあるテーマで、私は兼ねてより個人で勉強していた少数民族の事を話しました。その中でも特に関心のあった独竜族についてスピーチしたところ、先生は驚いて、「恥ずかしいけど、私、その民族初めて知ったよ。もっと詳しく聞いていい？」と言われ、そこから口語テストはさておき、私の少数民族紹介講義が始まったりもしました。大きい国土に五十六もの民族が共に暮らす中国では、上海から遠く離れた雲南の山奥に住む民族の事は、また遠い世界の事と感じているように見えました。改めて、中国が一つの国家でありながら、まる

上海国際博覧会 中国館（現 中華芸術宮）

で一つの世界のようだと感じさせられました。

また、クラスには様々な国から来た留学生と友人になることが出来ました。その中には韓国の留学生が多く、独学で韓国語をずっと勉強していた私にとっては、中国語だけでなく、韓国語能力を上げるとてもいい機会にもなりました。

そして一つ、怖かったエピソードとして、一人で出歩いた際、強引なエステサロンのセールスに引っかかり、危うくお金を丸ごと持って行かれそうになった事がありました。私自身、普段から物事をはっきり言えないところがあり、その悪い部分が出てしまいました。笑顔で曖昧に断っていたところ、あっさりとサロンに連れて行かれました。それ以降、私は中国を含む外国の人に対しては特に、自分の意志と態度をはっきり示すよう気を付けるようになりました。確かに街中にいる中国人や自分の中国の友人たちもそうですが、要らない物は要らない、とはっきり言っています。曖昧な返事で通じる日本と通じない中国。意志をしっかり持って自分の意見をしっかり伝える大切さを学びました。

そして大変であり、面白かったエピソードは、共に日本から留学に来た友人四人での日帰り杭州旅行です。初めて虹橋駅から高速鉄道に乗り杭州駅へ。まだ地下鉄の無かった杭州ではバスを使い、西湖を巡り、茶葉博物館に行きました。しかし計画が甘かったのか、帰る時に駅へ向かうバスが見つからなくなり、私達四人は、フラフラになりながら三時間以上歩いて杭州駅へ。やっと電車に乗って上海へ向かおうと切符売場へ。「もう今日は電車無いよ」と言われ、最終的に杭州に住む友人の知人の家族が私達を夜中、上海へ送ってくれました。あれから何度か中国へ友人達を訪ねて行きましたが、時間面に関して日本のようにきっちりしていない中国では人の多さも相まって、予想しないハプニングが起こることがありました。またそこが中国の面白く、いつも刺激をくれるところでもあります。

　留学を終えてから今までも、ずっと中国語の勉強を続け、仕事にも活かすことができ、また微信《ウィーチャット》を使って沢山の友人に出会うことも出来ました。最近では友人に会いに貴州省、福建省を訪問。そこでも沢山の思い出を作りました。その友人達と言語交換を続けてきた成果として、中検とＨＳＫも上級を取ることが出来ました。

　中国の魅力というのは一言では決して表せません。勿論、理解の難しい文化や習慣も沢山あります。しかし、中国の人は本当に大らかなのです。そして友人や家族を本当に大切にしてくれます。

　現在のマイナスな報道だけに振り回されず、「本当の中国と中国人の姿」を一人でも多くの日本人に知ってもらえるよう、自分の身近なところから日中交流を続けて行きたいです。

河合 美希（かわい みき）

小学校卒業文集に書いた将来の夢は「中国語の通訳になること」。二〇一〇年摂南大学外国語学部外国語学科中国語コース入学。二〇一一年二～七月上海外国語大学虹口キャンパスへ留学。帰国後、大学の授業に戻り、引き続き中国語を勉強。大学卒業の際の卒論テーマは「中国朝鮮族における言語教育」。吉林省の延辺朝鮮族自治州を軸に、東北部における朝鮮族への言語教育を研究し、論文作成。県の国際交流協会にて、事務補助を務める。現在はホテル勤務。

見る、聞く、話す、学ぶ歓びを

――中国瀋陽への留学

元会社員　丹野　幸四郎（遼寧大学）

定年退職後、遼寧大学へ語学留学した私は、街歩きを通して、中国生活の中で自然と笑顔になれた。日中学生合同の植林活動では、地元の方々の熱意を感じた。機会があればもう一度中国留学をしてみたい。

二〇一三年三月から半年間、中国瀋陽市遼寧大学中国語国際教育学院へ中国語留学をした。

年齢は六十四歳。三月二日が誕生日、定年退職の日である。その前日の一日に中国へ出発。当日は北京経由で瀋陽へ行ったが飛行機の遅れで当日の入学手続きが出来ないばかりか、学生寮への宿泊もできないため大学の近くのホテルを探した。

三月四日（月）、大学での入学手続きを終え無事入寮することが出来た。

私が中国留学を決めたのは会社組織を離れて個人として中国生活を楽しんでみたかったから、そして中国をより深く理解するには語学が大切と思ったからである。今後中国との関りを継続させるためにもより深く中国を知りたいと考えた。仕事の関係で知り会った中国の古い友

中国上海にて結婚式に出席

人に会い、新しい友人を作るという目標を自分の中で掲げた。

私の信条は「好きこそ物の上手なれ」。好きだと思えば苦労もいとわないプラス思考である。

授業は若い人の三倍は頑張らないと付いていけないと考えて必死になってやった。成果は二、三カ月後に出てきた。中国を知るために、まずは瀋陽の街へ出てみて、そこで暮らす人々を観察することにした。

瀋陽にある名所旧跡をメモし地下鉄とバスの組み合わせで、最後は徒歩で行く。寮から歩ける距離の所は歩く。その時注意しなければならないのはトイレの場所を途中探して覚えておくことである。三月の瀋陽にはまだ雪が残っていて寒かった。少し大きい公園があればそこには大抵トイレがある。少し汚くて臭いもするが、生理現象には勝てないのである。バスは一元で乗れる。地下鉄は四元。共に快適である。バスの中に停車する路線表示があるので便利。目的地を定めたらそこまで行く路線バスの番号を地図でたどっていき、途中でバスの番号が切れたらそこで次のバスに乗り換える。少し大変だが、一度覚えたら楽しいのである。

中国留学時に世界から集まったクラスメートとの食事会

街歩きをしていて感じたことがあった。中国の人の流れを見て同じように行動していると、意外にスムーズに動けることである。私は市場での買い物が好きで、特に果物は沢山買う。中国で生活していると自然と笑顔になれる。多分それは中国の人々の笑顔を見ているので自然と自分に反映しているのだと思う。不思議だが日本にいるときと違いストレスを感じない。

東北大学と遼寧大学の中国人学生と日本人留学生が合同で内モンゴル砂漠へ行って植林活動する機会を得た。バス一台を貸し切り出発。車内で各自が自己紹介、その後今回の主催者からスケジュールの発表や今回の植林活動の趣旨など聞いた。現地に到着し早速砂漠での植林を始めた。現地の農民の皆さんの協力を得て無事植林作業を終えた。既に植えられていた木が成長しているのを見ると、地元の方々の熱意が伝わってきた。今回お世話になった方のお母さんは中国残留孤児で、中国の養父母に育てられ一旦は日本に帰ったが、養父母のことが忘れられなくまた中国に戻った方である。そんな話を聞いて胸が熱くなった。次の日は観光でモンゴル馬に乗って砂漠を歩き、原生林が生い茂る公園を散歩するなど充実した二日間であった。植林活動で親しくなった中国人学生が今年、日本の大学へ入った。

事前に連絡があり少々のアドバイスをさせてもらった。中国の学生は行動的であり独立心が強い。日本の企業はもっと中国の学生を受け入れ外国人社員の比率を上げていけば、中国の国民から評価されるのではと考える。中国の学生はもちろん、北朝鮮の学生とも親しくなった。みんな素晴らしい青年たちである。大学構内での交流のように日本、中国や他の東南アジア諸国の若い人たちが気軽に交流出来る機会と場所を日本が提供出来れば日本の悪い評判は払拭できるのでは考える。機会があればもう一度中国留学をしてみたい。

丹野　幸四郎（たんの　こうしろう）

一九四九年三月二日生まれ。一九八一年セコム株式会社入社、一九九三〜二〇〇〇年、二〇〇八〜二〇一三年の間中国事業に関わる。二〇一三年三月退職。三月から九月の六カ月間、中国瀋陽市、遼寧大学中国語国際教育学院へ語学留学。現在は農作業の手伝い。

私の初めての中国

大学生　下村　実乃里（天津外国語大学）

私は大学三年生の夏に天津へ短期語学研修をした。初めて訪れた中国は驚きの連続だった。中国現地の文化や空気、中国人の些細な心配りや親切さを肌で感じられることができて、貴重な経験になった。

天津へ来て最初に一番に驚いたことは、気候だ。日本を飛び立つ前に天津は日本より暑いと聞いていたのだが、実際は日本より涼しかった。日本とそれほど変わらない気温だが、天津の方が湿度が低いためとても涼しく感じられ、汗もほとんどかかなかった。

かといって長袖では暑く半袖がちょうど良いくらいだったので、とても過ごしやすい気候だったと思う。次に驚いたことは、寮の部屋だ。なぜか洗面所がとても異臭がして、帰るまでの二週間その臭いが取れることはなかった。途中ディフューザーを購入し改善を試みたが、残念ながら対処できなかった。この臭いは廊下まで漏れ出ているようだったので、できれば改善した方が良いのではないかと思う。次に驚いたことは、冷たい飲み物を全然飲まないことだ。お店でも、普段日常生活でも冷たい

クルーズ船から見えた、綺麗で感動した“天津之眼”

飲み物を飲んでいる人が全然おらず、常温のまま飲んでいる人が多数いた。これは常温の方が体に良いからという話を聞いたことがある。

二週間生活して、常温で飲むことに慣れて、体の冷えも感じなくて常温も良いなと思った。授業では、私のクラスは初級三班だったのだが、希望者が多くて椅子に座れない人がいた。人が多いため机がない状態で授業を受ける事が多く大変だった。授業内容を中国語で聞くので、はじめは質問されてもなんと聞かれているのかわからなかったり、授業内容があまりわからなかったりするが、慣れてくるとわかるようになってきてとても面白かった。特に疑問詞（怎么様、什么、為什么など）を聞き逃さないように気をつけて聞くようにすると、先生の話の内容の重点がよく分かった。先生が何を言っているのか完全にはわからなくても、ニュアンスでこういうことか、と理解できた部分もあったので不思議な感じだった。食事も、自分が思っていた中華料理とは異なる点がいくつかあった。

まず、天津へ来る前は中華料理は美味しいけど油が多く味が濃いイメージがあった。しかし、天津で中華料理

“万里長城”登頂後に撮影した頂上からの景色

を食べてまず思ったことは、味が濃い料理と薄い料理の差があるということだ。以前、「日本へ来た中国人は日本の中華料理を食べるとしょっぱいという」という話を聞いたことがあったのだが、確かにその通りかもしれないと思った。例えば、炒飯はシンプルな味付けで、日本で食べる炒飯を想像して食べると味が薄いと感じる。パンやスープは基本的に薄味で、他の料理はしっかりと味がついているのでバランスが良く感じられた。寮のご飯はとても美味しかった。餃子手作りパーティーでは、初めて皮をのばすところから餃子を作って、少し難しかった。作ったのは水餃子だけど、日本と皮の閉じ方が違って新たな発見を感じられた。午後の文化体験では中国の様々な文化に直接触れられ、毎日とても楽しみだった。

中国の旅で一番印象に残っているのは万里の長城だ。万里の長城は行く前から興味があった。万里の長城へ行く前は比較的ゆるやかな階段や道が長く続いているのかと思っていたけれど、実際は想像と全然違った。もはや山登りのような急な階段で、道の先の上の方まで見えなかった。階段の段差も一つ一つ高さがばらばらで、登りにくかったが手作りで作られているという歴史を感じた。

頂上まで到達もして、上から見える景色は絶景で達成感をとても感じることができた。万里の長城で一番驚いたのは道の険しさだ。階段の高さはそれぞれ異なり、私の想像を超えていた。階段が低いのと高いのがあり、不思議で面白かった。途中まで登ると疲れてきて、頂上を見上げると、高すぎて歩けなくなった。その場で休んで、もう登りたくなくなった。休んでいるとき、みんなで歌を歌い始めた。互いに励まし合って、登り続けた。みんな息を切らして止まりつつ、またとても暑くて、汗を流していた。途中頂上を見たが、道のりはまだ遠かった。この時、先生の言っていた「万里の長城の非好漢の詩句」を思い出して、全身に力がみなぎった。休憩の後、一気に万里の長城の最高峰に登った。

　この研修で一番大きかったことは中国現地で本場の文化や空気を感じることができたことだと思う。例えばすごく小さなことかもしれないが、タクシーに乗った時にタクシーの運転手の方に日本人だと告げると、たくさんおしゃべりをしてくれたり、道端で道を聞くと親切に教えてくれたり、中国に来なければわからないような中国人の些細な心配りや親切さを直接感じることができた。

　二週間あっという間で、言語も、文化も、現地の様子も身近に肌で感じられることができて貴重な経験をさせていただいたと思った。また天津へ行きたいと思ったし、これからもより一層中国語を勉強したいと思った。

下村　実乃里（しもむら　みのり）

武蔵野大学四年生。普段はバレーボールとゴルフが好きで、よく身体を動かしています。大学一年生から中国語の勉強を始め、三年生の夏に天津へ短期語学研修をしました。初めて中国を訪れ、天津の街を散策したり、現地の人と直接交流をしたり、中国の文化を肌で感じることができました。留学前、留学生の友達に教えてもらった前餅果子や麻花は美味しく、今でも印象深いです。また天津を訪れたいと思っています。

中国武漢で過ごした一年

大学生　井上　寿々佳（天津外国語大学、華中師範大学）

私は中国人留学生との交流や授業をきっかけに中国に興味を持ち、武漢に留学しました。コロナウイルスで大変なこともありましたが、中国人の優しさに触れられた経験を通して、より中国を好きになりました。

私は中国を愛する一人の日本人大学生です。大学に入るまでは、はっきりと言ってしまえば中国についての知識は全くなく、興味すらありませんでした。しかし、大学入学後、学部的にも中国からの留学が多く、授業を通して交流をする機会が増えました。その後、授業以外での留学生との交流も増え、中国人をとても好きになり、文化にも興味を持ちました。中国研究という授業を選択し、中国の大まかな歴史、文化、習慣など、実際に中国人の先生を通し学びました。日本と似ているようなこともあれば、もちろん全く違うこともあり、学ぶことが全て私にとって新鮮に感じました。大学二年生の夏休み、短期語学研修で天津外国語大学へ行く機会がありました。時間は短かったですが、それが私にとって初めての留学という形でした。大学には孔子学院があり、そこでも中

国慶節の武漢長江大橋

国について触れる機会が多かったです。留学前講座や語学学習の講座など、自分に合ったものを選択して私も何度か授業に参加させてもらいました。学校での授業とは違い、中国人の先生ともより近い距離で学ぶことができ、留学に対する意識が強くなりました。そして、留学に行くことを決め、二〇一九年二月、中国武漢行きの飛行機に乗り、ついに華中師範大学での一年間の留学がスタートしました。武漢に到着するまでの間、私の頭の中には不安という文字は存在しませんでした。むしろ、期待と楽しさで頭も心もいっぱいでした。空港での手続きも中国語でしたが、戸惑うこと何一つなく無事武漢天河空港に到着しました。さらに、出迎えてくれたおじさんの姿により安心感も得ることができました。

留学先の華中師範大学が大きいことは下調べした際に知ることができましたが、実際に行ってみると想像していたよりもはるかに大きくて驚きました。日本の大学より規模と規模も違うし、学生にとって、とても便利だと感じました。ほんとに日本の大学とは違うことが多くありました。校内を移動するのに、小型バスを利用することもあったし、電動バイクを利用することもありました。

武漢で開催された軍人運動会にクラスメイトと行った際

キャンパス内に寮があり、寝坊しても授業には間に合う近さでした。毎日の午前授業の途中にある二十分ほどの休憩時間では、友達と包子や水餃、奶茶といった簡単に食べたり飲んだりできるものを買いに行っていました。お昼は何個かある食堂の中からその日の気分で選び行き、楽しく食事をし、カフェへ行き、友達と宿題をするのが日課でした。私にとっては、寮生活を始め一人で生活するということ自体が初めてで、友達と長い時間一緒に過ごせることはなんだか新鮮でした。そんな私ですが、実はこの大学に留学に来た日本人は私一人だけで、最初は友達ができなくて毎日部屋で泣いていました。後から思い出すと笑えてしまいますが、当時の私は友達ができない不安というよりも一人で生活する寂しさというものが大きかったです。しかし、日本の文化が好きだったり、興味を持ってくれていたりする外国人が多くいて、すぐに打ち解けることができ、そんな寂しさなど気にする必要はありませんでした。

　中国で生活する上で驚くことは多くありました。まず、夏の暑さに驚きました。さすがストーブ都市と呼ばれているだけあり、四十度以上が続くことが多く、毎日過ごすのが大変でした。そして、日本と比較し物価の安さにも驚きました。私たち外国人留学生は、あまりにもネットでの商品が安いので、授業中にも淘宝などの通販サイトで服などを探し、よく買い物しました。それに、外売という日本でいう出前のようなサービスもとても便利です。日本にもほぼ似たようなサービスはあるけど、中国ほど発達はしていません。支払いは、キャッシュレス決済です。時間もあまり待たずに届けてくれて、メニューも多くあるのですごく便利でした。少しお腹が空けば動く事なく食べ物が届くので、留学が始まってから数週間でとても太りました。街には外売のバイクを至る所で見ることができます。半年が過ぎた頃からは、スーパーなどを利用し、自分で自炊を始め、その時に中国料理も作る時もありました。

学外の活動としては、大学の日本語の授業に参加して中国人の学生と交流したり、ボランティアとして、日本語を学んでいる学生に日本語を教えたりすることもありました。せっかく中国留学に来たので、一人でも多くの中国人の友だちを作りたいと考えていました。その時に、もともと日本の大学で知り合った中国人の友人が、その大学で働く日本人教師を紹介してくれました。こんなチャンスはもうないと思い、大学生から院生まで、様々な日本語の授業に参加させていただくことができました。夏休みという時間を利用して、日本語の塾でボランティアとして日本の文化を教えたり、授業を行なったりしました。言語を教えることの難しさ、どうやったら上手く教えられるのか、考えるのも大変でした。自らの力で交流を深めていくことはとても大事だと感じました。中国についてすぐに分からないことが多く、一人ではなにもできませんでしたが、中国の友達がたくさん私を助けてくれました。それらの行動にとても胸が熱くなりました。自分が慣れない外国の地で過ごすということは、自分を成長させるために一番いい方法だと思います。一種のサバイバルと言えるでしょう。私は言語を学ぶという目的の他に、自身の成長させるためにもこの留学を決めました。一度親元を離れて、自分が慣れない環境で自分の力で、自分で考えて何かを行うことは大事です。

留学が終わりに近づいた二〇一九年年末ごろ、この一年の中で一番大きな出来事が起こりました。それは、コロナウイルス肺炎です。始めは私も特に重要視はしていませんでしたが、日本にいる母からニュースで放送されたのを見て心配しているという電話を受けました。事実、日本と中国内で流れているニュースの内容も異なることも多かったです。私は焦り出かける時はマスクをするようにしました。周りの中国人の友だちにも注意を促しましたが、日本のニュースが大袈裟だと言われ、聞く耳を持たれなかったこともあります。しかし、事態は急変し一月中旬頃からこのウイルスはさらに広まり、死者も多く出始めました。正直言うと、その時は始めて目の当たりにする状況と自分もかかってしまうのではないかと恐怖と不安でいっぱいでした。一月二十三日に、武漢が封鎖され、交通規制もされ、買い物に行くのも大変でした。大きなスーパーしか開いておらず、片道徒歩で一時間以上かけて食べ物を買いに行く日もありました。カップラーメンだけを食べる日もあり、辛かったです。街にはマスクを買えず、タオルなどで口を覆い外出している老人が多くいたが、私自身も手持ちのマスクが少なかったためなにもすることができず、胸が痛かったのを覚えています。封鎖されたことにより、予定していた帰国日も延長されました。ありがたいことに、日本政府が早めに措置を取ってくれたことにより、一月三十一日チャーター機第二便で日本に帰国することができました。帰国直前で、思いもがけない体験をすることができました。確かに、私はただ中国の文化、人が好きという事で留学を決め、政治に関する知識はなにもありません。しかし、誰になにを言われようと、私はこの二〇二〇年のあの状況下で中国にいることができてよかったと思っています。なぜなら、言い方はあまりよくないかもしれませんが、困難の中で周りの人達と協力しながら過ごした生活は私にとってとても大きな収穫になったからです。彼らはとても親切で、日本人とは違う優しさを持っています。中国での現状をリアルタイムで体感することができ、大きな経験となり、より中国を好きになりました。

中国での一年間の留学を通して一番言いたいことはとても幸せで、自分にとっていい時間を過ごせたということです。そして、一年という長いようであっという間の時間の中で、私は自分で分かるくらい成長しました。自分で選んだ環境の中で、多くの中国人や外国人留学生と出会い、多くの文化にも触れることができました。宗教の違いで、一緒にご飯に行った時に豚肉を食べることができなかったり、ラマダンの時期があったり、部屋でお喋りしている時に礼拝を始めたり、友だちとの文化の違いに最初は驚くこともありましたが、近い距離で一緒にその文化を体験できたことが嬉しかったです。そして、ちょうどこのコロナウイルスに遭遇し、上記でも述べたように、不安の中で生活したこともありました。武漢が閉鎖され不自由な一時を過ごしたこともありました。しかし、これらの体験は全て私にとって大きな収穫であり、今後に対しての蓄えとなりました。そして、なによりも多くの人が私の留学生活を支え、応援してくれました。この留学期間を通して私に関わってくれた人たち全てに感謝しています。

井上 寿々佳（いのうえ すずか）
武蔵野大学四年生。一九九八年五月二十日生まれ。二〇一九年から二〇二〇年まで武漢の華中師範大学に留学。

第三章
体験編

Studying Abroad in China

中国の若者たちのエネルギー

近くて遠い不思議な国・中国に興味を持ち留学。イベントへの参加やソフトボールチームでの経験を通して中国への理解を深めるとともに、中国の若者たちはエネルギーや向上心に満ちあふれていると感じました。

大学生　高橋　稔（北京大学）

近いようで遠いような不思議な距離感を覚えていた国、中国。昨今のメディアで報じられるニュースを見ると遠く感じ、ビジネス機会の増加とともに中国語の使用機会は増えているので近さもあります。どちらが本当の中国が知りたい。そう興味を持っていた私は、大学二年生の二〇一八年九月に北京での留学生活をスタートさせました。語学力をつけていく日々の節目には、同世代の若者から受けた様々な刺激がありました。

最初は語学力が足りず、銀行口座の開設も一苦労でした。一刻も早く中国語を話せるようにならなければいけないと実感しました。

留学を始めて二週間が過ぎた時、国際交流基金が主催する「第二回日中大学生フォーラム」が開催されると知り、参加しました。このイベントは日中の若者同士の文化交流の促進を目的として開催され、共通言語は日本語です。私たち日本側のメンバーは、北京に留学中の日本人大学生七名からなります。初めての顔合わせから約一カ月間、四回の事前勉強会を経て当日を迎え、ディベート、ビジネスモデル発表会、ミニディスカッションに臨みました。

ディベート後、湖南大学の学生と

交流したのは湖南大学の学生でした。ディベートのテーマは、「独身税に対する賛否」「オリンピック開催に対する賛否」など難しいもの。それでも彼らは、母国語でない日本語で積極的に発言し、私たちと意見を戦わせるので驚きました。また、その場で臨機応変な返答が必要になるディベートも上手くこなしていました。これには刺激を受けました。湖南大学の学生は私たちに、古い歴史を持ち、湖南省の省都でもある長沙の街を楽しく、丁寧に案内してくれました。私たちは、時には中国語を交ぜ、中国では進んでいるキャッシュレス化や興味のある『三国志』の話題および日本のアニメについて語らいました。

留学して三カ月が経つと、中国語の会話も少しできるようになってきました。ちょうど、北京の日本大使館で日本僑報社・日中交流研究所主催の「第十四回中国人日本語作文コンクール」の表彰式が行われると聞きました。このコンクールは日中の相互理解と文化交流の促進を目的に二〇〇五年にスタートし、今回は、中国の二三五校の大学、専門学校、高校などから、計四二八八本もの作品が寄せられました。中国の若者は日本に対してどのよ

2019年春、「北大杯」のチームメイトと北京大学にて

うなイメージを持っているかの興味から、会場準備などのボランティア活動に参加しました。受賞した若者の「多くの中国人に、実際に日本に行って、本当の姿を見てもらいたい」といった声に共感する一方、地方から来た二人の佳作賞受賞者の大学生の話にはハッとさせられました。

二人は、朝六時に起き、七時ごろから自習や授業があり、夕飯を食べた後は夜十時ごろまで自習をするといった毎日で、図書館の自習室の席取りも苦労していると言いました。これは中国ではごく普通の大学生の一日で、私が留学している北京大学の学生も同じです。日本語を専攻する学生は、日本語漬けの毎日を送ってこのコンクールに臨んでいました。彼女らにとっては、上位で入賞できなかっただけでも悔しいこと。来年のリベンジを誓ってその日のうちに夜行列車で帰っていきました。私も負けていられないと、より一層中国語学習へのモチベーションがアップしました。

留学に来て半年経つと、私は中国語である程度会話ができるようになりました。中国人学生とコミュニケーションが取れるようになると、ますます中国での生活が楽しくなるものです。そこで、友人の輪を広げるため北京大学政治管理学部のソフトボールチームに入り、中国人学生と一緒に汗を流しました。入部当時、チームは例年初戦敗退していました。部員が多国籍なことから互いの意思疎通がうまく図れていないことが原因だと感じた私は、自らがバランサーとなって毎回の練習後の食事や月一回の遠足を企画し、異文化交流の懸け橋となりました。また、長年の野球経験から、打撃や守備のコツを惜しみなくアドバイスし、ソフトボールの楽しさを惜しみなく伝えていきました。彼らは勉強と部活動を両立させ、短時間の部活動で効率的に練習を行い、次第に一つになったチームは、二〇一九年春の〝北大杯〟（学部対抗のリーグ戦）で学部史上最高の準優勝を成し遂げました。

　中国に行って数多くの若者を目にして感じたことは、それぞれがエネルギーや向上心に満ちあふれているということです。活気あふれる若者たちがポジティブさを生み出し、それが国の発展の源泉にもなります。「近いようで遠い国」の私の中での意味合いが増えた気がしました。近さは、私が体験してきたような親しみやすさです。遠さの正体は、物が簡単に手に入り、頑張らずともある程度の生活を送れる私たちがハングリー精神を忘れてしまったことで生まれつつある差なのではないでしょうか。

　中国に対する理解をより深めたことの他に、中国の若者の向上心から受けた刺激が、今回の留学の最大の収穫だったように思います。留学で培った多角的に物事を考えられる国際感覚により、日本人の強みを活かして、グローバルな競争と共生が進む現代社会で活躍していきたいです。

高橋　稔（たかはし　みのる）

一九九八年生まれ。神奈川県川崎市出身。早稲田大学商学部在学中に一年間北京大学へ留学。小中高と続けた野球を通して北京大学学生と交流を深めた。上海のＩＴ企業でインターンを経験し、中国の経済状況を肌で体感。卒業後は証券会社に就職予定。

私の北京留学体験

会社員　尾田　良晶（清華大学大学院）

中国留学は私の人生に多大なる影響を与えた。中国という広大な国家に潜む文化・食・人の魅力は数知れない。自分なりの体験を共有し、今後日中友好を促進するために、私なりの提言をまとめたい。

中国留学を終えてから六年の月日が経ったが、未だにその頃の記憶は鮮明に残っており、私の人生に多大なる影響を与えた。海外で留学経験ができることは有意義でもあり、一方で、準備不足であれば多少の後悔が残るのかもしれない。私は、「人」をテーマに留学生活を過ごすことを意識していた。自分なりの体験を共有し、今後日中友好を促進するために、留学というものがどうあってほしいか、私なりの提言をまとめたい。

中国香港の活動家が釣魚島に上陸し、五星紅旗を立てたというニュースが日本を駆け巡ったのが、まさに出国する数日前だったことは今でも覚えている。デモの様子をみて、中国の人が自分に危害を加えることがあるのだろうかとも身構えた。

しかし、一度学園生活が始まると、不安は吹き飛び、

玉淵潭公園での日中学生混合花見会の様子

しばらく頭のどこか片隅に押しやられることになった。
清華大学の指導教官は、日本留学の経験者で日本人に対してよく気配りをしてくれる人だった。研究室の学生もフレンドリーで、色々サポートしてくれた。中国での大学生活は、日本のそれとは大きく異なっていた。特に、清華大学のようなトップクラスの大学になると、敷地の端から端まで自転車で四十分かかるほど広く、大学内に病院・居住区・劇場から市場までそろっている。有志学生の課外活動が盛んで、毎週末何かしらの催しが学内で開かれ、はっきり言って日本の大学生活より楽しかった。
十四億人から、選び抜かれた清華大学の学生は間違いなく優秀であった。それは、勉強ができるだけでなく、多様性も兼ね備えていた。例えば、プロからオファーが来るほどのサッカーの実力がありながら、研究の世界に足を踏み入れた友人がいたり、国の交響楽団に入れる程の音楽の才能がある同級生が、隣の席で授業を受けていたりする。これは、入学試験時に特別な技能が認められ、加点制度によって入学を勝ち取った学生である。卒業生が多方面で活躍しているという事実にも、納得した。そんな同級生から多くの刺激がもらえたし、とても純粋で

研究室の仲間たちとの記念撮影

いい子たちが多いなとしみじみ感じた。

私は、中国人というのは〝熱しにくいが、冷め難い〟人だと思っている。一つエピソードを紹介したい。付き合い始めのころは、無関心で冷たい、おまけに声が大きくて、怒っているのかと疑うようなおじさんが、研究室棟の管理人だった。夜十一時の閉館の見回りの時間まで、研究室に残っていると、「またおまえか」と追い出しに来る。そんなことが何度かあった後、世間話をするようになって、仲良くなることができた。おまけに、「夜遅くまでお疲れ様。これ食べるか？」と、お菓子を持ってきてくれたこともあった。

また、当時の友人とは今でも連絡を取り合っており、友人が日本にわざわざ遊びに来てくれたり、私も中国に遊びに行ったりという関係が続いている。ゆっくりとお互いの関係を熟成させ、時にメンテナンスを施す、そんなことが〝好朋友〟の関係作りには欠かせないと感じる。相手が熱心に接してくれたら、同じように熱心に恩返しすること、これが私が心がけていたことだ。

ところで、大学という環境が閉じた世界であることも忘れてはいけない。私が唯一後悔しているのは、もっと大学の外のコミュニティや、地元の人々と交流する機会を持てていたらという点である。

　現在の留学には、多くの情報に触れられ、自分で取捨選択できるような環境が必要だと思う。例えば、より親切な情報インフラの構築というのも、一つの手である。中国を知ろうと自分から意識して行動していない学生にも、情報を周知させる機能が必要だ。

　加えて、日中の民間レベルでの交流を強化することも大事だと考える。現状は、民間交流が日中友好にとって大事な役割を担っていると感じるからだ。大学内生活だけでない、広く中国を見て・理解できる機会を与えてほしい。広大な国家に潜む文化・食・人の魅力は数知れない。自分ならではの経験から、中国人とうまく付き合う術を考えることが、人間力を豊かに育んでくれるものと感じる。民間レベルでの日中の好朋友がたくさん生まれて、いずれ若い世代が国を引っ張っていく頃には、今とは違った日中の友好関係の姿が見られることを私は期待して止まない。

　私は、現在エンジニアという目線から、日中でどのように協力していけるかという事を考えている。お世話になった中国の人々、地方の人まで、彼らの生活がより便利で、健康的で、暮らしやすいものになるような、日中間での合同ビジネスの可能性を探っている。それが現実のものとなったその時に、やっと私は恩返しができたと言えるかもしれない。

尾田　良晶（おだ よしあき）
一九八九年八月十日生まれ。父親の中国駐在に伴い、中国蘇州に生まれ、その後計十年間を蘇州、北京、広州などで過ごす。中国語は、現地日本人学校で学び始める。大学で本格的に中国語の学習を始め、大学院時代に東京工業大学－清華大学大学院ダブルディグリープログラムに参加。北京で、計一年半の留学生活を終えたのち、日系企業に就職。カタール、シンガポール、フランスなどでの駐在を終えて、現在韓国勤務。

中国留学と私

団体職員　角野 きよみ（首都師範大学）

「なら・シルクロード博覧会」を契機に、北京へ語学留学しました。一緒に働いた学芸員の方々との交流は留学先でも続き、また大学の休暇中には、シルクロードへも旅行しました。人々との交流、雄大な自然……今では懐かしい思い出です。

私が中国へ留学したのは、一九八九年のことでした。その前年、奈良県で「なら・シルクロード博覧会」が開催され、私は中国古代科学館で、コンパニオンをしていました。このパビリオンは、世界ではじめての地震計である地動儀、天体観測機械の渾天儀、羅針盤として使用された指南車など四百点余りの展示と、雲錦機と呼ばれる織機や、宋代以降に使用された木版印刷の公開実演をしていました。また、展示の紹介のために、北京の中国歴史博物館と蘇州絲綢博物館の学芸員の方々が来られており、半年以上にわたり、一緒に働きました。

この博覧会を契機に、終了後、私は北京師範学院、現在の首都師範大学へ語学留学しました。このため場所は

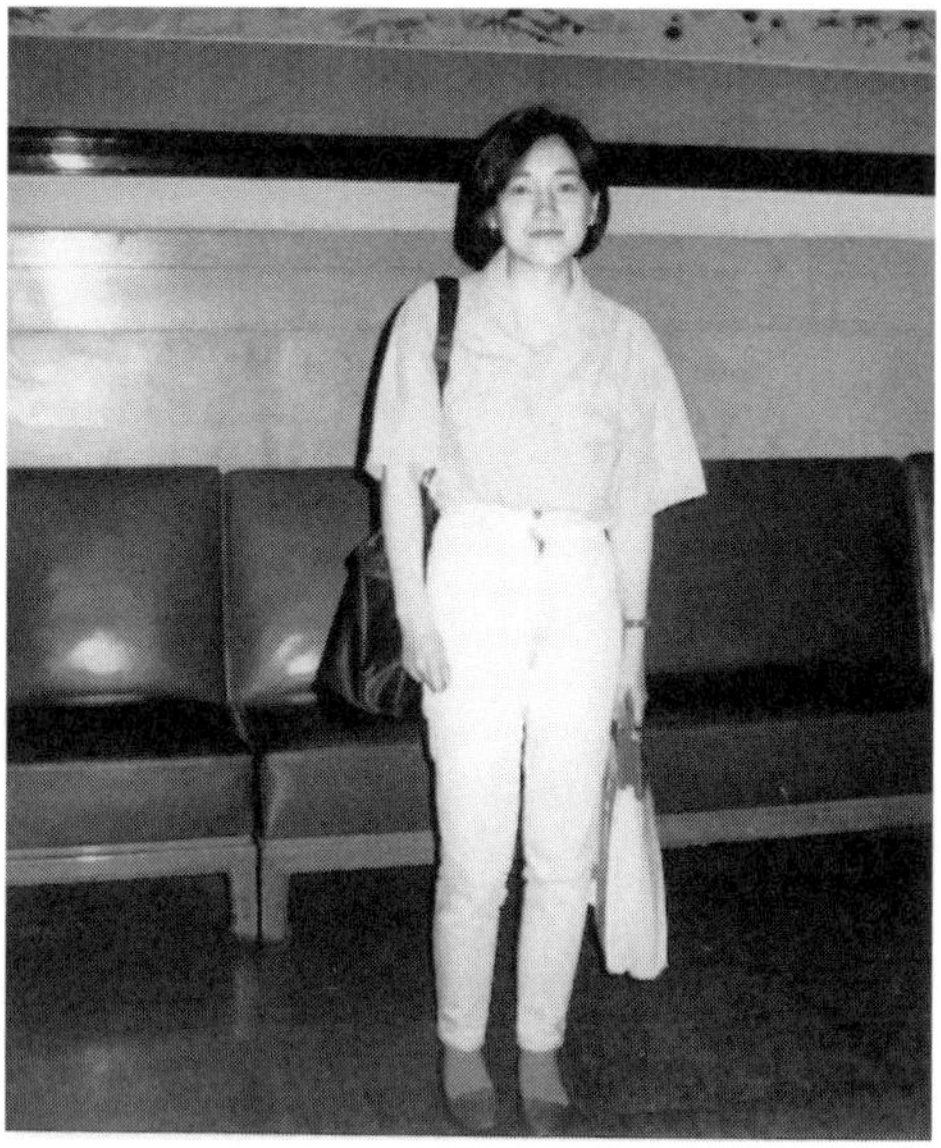
人民大会堂にて（教授の王先生による撮影）

北京に代わりましたが、北京の学芸員の方々との交流が続くことになりました。交流と書きましたが、実際には、中国歴史博物館に招いていただいたり、ご自宅で涮羊肉をごちそうしていただいたり、紅葉見学に連れて行っていただいたり、大学に講義に来られた際には聴講させていただくなど、若かった私は一方的にお世話になってばかりいました。

当時、私の留学先は留学生が少なく、マンツーマンのような指導を日々受けて過ごしていましたが、半年程経つと、ようやく一週間程の休暇があり、同じく日本から来た留学生で、少し年上の女性と、シルクロードの一端、河西回廊をたどる旅に出ることにしました。まず、シルクロードの東の起点と言われる西安に行きましたが、ここ西安でも、また学芸員の方のお世話で親戚のお宅へ泊めていただくことになりました。見も知らぬ日本人である私たちをよく泊めていただけたなと思います。西安では、兵馬俑博物館や陝西省歴史博物館、華清池などの有名な観光スポットへ行きました。主に観光バスを利用したのですが、国内旅行者向けのバスに乗ったことで、休憩時間には、扉もなく、穴を掘って木の板を渡しただけ

敦煌　鳴沙山にて

のトイレに、友人と並んで入るという、今の中国では考えられない、貴重な経験もしました。西安からはさらに二日間列車に乗りました。列車は寝台車で、満員でした。私たちの周囲の席にはなぜか高齢の方ばかりが何人も乗っておられ、私たちが日本人であることを知ると、ゲートボールの仕方を熱心に聞いて来られましたが、二十代の私には、ゲートボールの仕方はさっぱりわかりませんでした。列車の中はとてもにぎやかでしたが、窓の外には、頂きに残雪のある、凛とした青く美しい山々が連なっていました。二日目、列車にのんびりと乗っていると、お昼頃だったでしょうか、突然、周りの人たちから「ここで降りなさい！　早く、早く！」と促されました。しかし目的地の柳園への到着予定時刻まで、まだ二十分以上あります。しかし周囲の「ここだ。ここだ」という大声に押され、列車を降りると、まさに目的地の柳園へ到着していたのでした。もし、ここで降りなさいと声をかけてもらっていなかったら、私たちは、どこまで行っていたでしょうか？　「謝謝」と手を振って列車を見送り、降りた柳園駅は、にぎやかな列車の中とは異なり、駅前に何もない、ひっそりとした駅でした。そこからはバスに乗り、砂漠の中を敦煌へと向かいましたが、砂、砂、砂の、あたり一面まさに砂しか見えない中をバスは進んでいきます。その光景は、私の心に強くまた深く刻まれていきました。しばらく乗ると、前方に青々とした木々が見えはじめました。敦煌でした。何もない砂の中に現れた緑の空間を見て、オアシスという言葉の意味をはじめてわかったように思いました。それからホテル探しの後、鳴沙山へ行ったときには、人影もまばらで、砂漠の中に友人と二人でいるような錯覚に陥る瞬間がありました。この砂の町で三日間過ごし、私たちは北京へと戻りました。

中国は五千年の歴史があり、万里の長城をはじめとする歴史的建造物に目がいきますが、雄大な自然の素晴らしさはかけがえがないと思います。

帰国後、私は商社で勤務した後、大学の理学部へ編入学し、地質学を専攻しました。担当教授は地下水の専門家でしたが、卒論では、大阪市内のボーリングコア内の黄砂から、偏西風による過去の気候変動を調べることをテーマにし、卒業後は、環境学習施設で環境学習の企画業務の仕事に就きました。

中国への留学は、急病に遭うなどもあり、良いことばかりではありませんでしたが、今はそれもまた懐かしい思い出です。長い年月が経ち、現在、中国との関わりと言えば、昨年二胡を始めたくらいになりました。習いはじめた時には、教室の仲間と高齢者施設などへコンサートに行けたらいいねと言いあっていましたが、二胡は意外と難しく、最近では高齢者施設へコンサートに行く前に、自分たちが高齢者になるねと言いながら、下手な二胡を響かせています。

角野 きよみ（かどの きよみ）

なら・シルクロード博覧会の中国古代科学館でコンパニオンとして、中国歴史博物館の学芸員の方々と働く。その後、首都師範学院へ語学留学し、その際にシルクロードを旅行。砂漠をはじめて体験し、深く印象に残る。帰国後一旦商社に勤務するが、大学へ編入学し地質学を学び、黄砂をテーマに卒業論文を書き、卒業後、環境学習の仕事に携わる。現在は中国と関わりのない仕事に就きながら、下手な二胡を学びはじめている。

日中「迷惑意識」の違い

大学生　佐藤　真由（大連理工大学）

大連での留学で、「迷惑をかけても、それを許し温かく受け入れる」という中国人の気質を知って驚いた。日本の「他人に迷惑をかけるな」の文化も、時代とともに徐々に変化させていくべきだと私は考える。

どこか日本に似ている中国・大連での留学で私が一つ確実に学び取ったのは、中国では「他人に迷惑をかける・かけないは、さほど重要ではなく、それよりも寧ろ、それを許すか・許さないか」の方が大事だということだった。

留学中中国語の授業で、先生が、中国と各国の文化差異を説明したことがあった。そこでは、「日本人は他人に迷惑をかけてはいけないと自覚している人が多く、何か問題が起きても、まず自分一人で対処しようとするのが日本」と紹介していた。また、一方で中国は対照的で、「なにかと周囲を頼る」とも説明していた。確かに、大連に来てまず本当に驚いたのは、中国では働き盛りの若い夫婦の子どもは、その子の祖父母が本格的に面倒を見る、それが一般的だということだ。私のホームステイ先

ホストファミリーと過ごした時間

にも、五歳の男の子がいたが、夫婦は共働きなため、その子の祖父母が、親に代わって毎日面倒を見ていた。更には、連休になると、親が仕事がない日も、祖父母は「親だって、夫婦二人の時間が必要」と、自分の子夫婦を気遣って孫と終日過ごしていた。私は、こんな光景をもし日本の働く女性が見たら、さぞ驚くだろうと思うと同時に、だから、日本は国際社会で『女性活躍の後進国』などと称されるのだと深く納得した。

また、私が留学した当初気になったのは、大連では街中どこでも、赤や黄、青色などのバイクがせわしなく奔走している光景だ。これは、注文料理を宅配するサービスで『外売』と呼ばれ、中国では頻繁に利用されているそうだ。日本の場合、本格的に提供されているのは、そもそもピザ注文だけで、近年ではそのピザまでもが、人件費削減もあってか、客が店まで商品を取りに行くと割引になる事態だ。他方、これまた新鮮だと感じたのは、私の滞在先には、毎週末に見知らぬ家政婦が一日がかりで自宅を掃除しに来ることだ。こうしたサービスは日本でも、一部では受容されているものの、中国のように「共働き若手夫婦の間で主流」といった風潮はない。日本では、もし部屋や食器を使えば、使った人がその都度掃除をするのが習慣であり、一般的だ。中国では一体なぜ、こんなにも自分の事を外部、とりわけ見ず知らずの第三者にまで任せる風習があるのか、新鮮でもあり、不思議にも思う光景だった。

留学中、ある時中国人の友人から相談を受ける機会があった。その友人は、大学で知り合った日本人に、微信《ウィーチャット》の音声メッセージ機能を中心に連絡していたところ、ある日突然ブロックされ、その理由がどうしても思い当たらずにいたのだ。私は彼に、「確かに日本のＬＩＮＥにも音声機能はあるけれど、日本人は殆ど全く使わない」と説明すると、彼は、

「日本ではバスの中では静かにしろと教わるものね。だから、この機能は便利でも日本では流行らないんだ」

クラスメートと華山へ旅行

と、先の齟齬にも納得していた。友人が指摘する通り、日本の車内では、電話をする人でさえ極端に少ない。大抵日本では、家庭でも学校でも「車内では他人に迷惑がかかるから、騒いではいけない」と躾られるためだ。

大連に留学して以降、このような体験から私は、日本人はどこか「他人に迷惑をかけるな・かけまい」と過剰に意識しすぎていると疑問を持つようになった。例えば、もし日本の共働き夫婦が、「親に迷惑をかけまい」といった責任感や自前主義を捨て、中国のように安心して自分たちの健康な両親に我が子を預けることができれば、働く女性の負担は多方面で多分に軽減できるのではないか。また一方で、家庭に限らず、もし、「子どもを預かって欲しい」と頼まれた際、それを温かく受け入れられる社会的風潮があったら、日本は今より寛容で包摂的な社会になるのではないか。

私は、長きに渡り日本が大事にしてきたこの、「他人に迷惑をかけるな」の文化も、時代とともに徐々に変化させていくべきだと考えている。「迷惑をかけるな」といって、ある特定の人々に必要以上に大きな負担がのしかかったり、いかに注意していても仕方なく迷惑をかけた時に、それを許さない社会的風潮には、やはり強く疑問を感じる。

新しい時代に入り、日本がこれからも同じアジアのリーダーとして中国と肩を並べ成長し続けていくには、また、日本の老若男女個人一人一人が健全で輝かしく生きていくためには、中国社会のように「他人に迷惑をかけるのは当然」とし、その代わり、もし自分が迷惑をかけられた時には、それを「許してあげよう」といった心意気の方が、これからは大切になるのではないか。

佐藤　真由（さとう　まゆ）

一九九五年東京生まれ。順天堂大学国際教養学部国際教養学科在学中。二〇一七年三月より四カ月間、中国・大連理工大学にホームスティで語学留学中。現在は、中国の「関係学」に関心がある。

私が中国に帰る理由

留学中、三十余りの都市を旅し、何処へ行っても人との出会いに恵まれた。そして今も、中国の友人に会えることが楽しみであるし、中国文化をしっかり学んで中国の本当の姿を正しく日本に発信していきたい。

大学生　時沢　清美（北京語言大学）

「え、日本帰ってくるの？　円安なのに～」北京に留学していた二年間、長期休みの一時帰国の相談をする度、母は毎回この返事だった。少し考えてみる、と電話を切り、その後姉からこっそりと、「お母さん、周りの人に、あの子中国好きすぎて帰らないって言うのよ～って言いふらしてるから、あんた帰れないよ」と教えてもらった。結局私は留学中一度だけ、三週間ほどの一時帰国をして、一年半は中国に残り、日本へ何度も帰国できるくらいのお金を使って、三十余りの都市を旅した。飛行機が飛ばないとか、予約していたホテルに泊まれないことがあったり、火車に乗り遅れて、二十七時間の無席（无座）を経験したり（実際には幸運なことに、十時間ほどベッドを借りることができたのだけれども）、登山に日帰りの予定で手ぶらで行ったら宿泊をせざるを得ないというこ

留学中の日本語学習者の合宿（笈川塾）で中国人学生に浴衣の着付けをしたときの様子

ともあったり、ワニを食べたり……。

ハプニングだらけの旅行ではあったけれど、何処の都市へ行っても、人との出会いに恵まれた。特に忘れられないのは、雲南省景洪と寧夏回族自治区の銀川でのこと。

景洪の西双版納は、タイ族を中心とした少数民族の地域。夕方になると川沿いの土手に露店が立ち並び、現地の人と旅行客で賑わっていた。普段北京では食べられないものを探していた友人と私は思い切って、近くで食事をしていた親子に「これ美味しいですか？」と声を掛けた。すると、「よかったらどうぞ」と半分ほどの量を私達に分けてくれた。彼らの振る舞いに驚いたのと、このまま立ち去れなくなり、その親子と話をしながらいただくことにした。お母さんと娘さんは、私達食いしん坊なのよ！と言って自分たちが食べていたものを勧めてくれて、お父さんとはなぜ中国に来ているのか、北京で何を学んでいるのか、そして中国は好きかという話をした。そして彼らは最後に、「我喜欢你们。欢迎来到中国！（私は君たちのことが好きだ。中国へようこそ！）」と言ってくれた。さらに、「初めて会った日本人が君たちで良かった」とも話してくれた。彼らも休暇で訪れていた

授業後、中国人のクラスメイトとバドミントン

観光客で、彼らにとって私達は偶然知り合った留学生であった。ほんの十五分ほどの会話だったけれど、日本人という先入観なしに接してくれたことが何より嬉しく、忘れられない旅行となった。彼らが分けてくれた食べ物は、どんな物だったか全く覚えていないけれど、あまり美味しくはなかったね、と友人と会話をした記憶がある。

　銀川では、蘭州の友人に会いに行く帰り、国慶節だったこともあり北京への直行便の火車が無く、銀川経由で帰るという予定だった。しかし駅に着き、予約していた宿舎に連絡をすると、予約ができていないことと、既に満室であると言われた。なんとか見つけた青年宿舎に着くと、事情を聴いてくれたオーナーが、特別価格で部屋を提供してくれた。さらに、ロビーでの宿泊者火鍋パーティーにも招待してくれた。次の日銀川を観光したが、銀川は何もなかった。ぽつんと建ったデパートに入っても人はいないし、屋外に建てられた子供用の遊具にも人影はなく、着ぐるみを着たスタッフが退屈そうにケータイを見ていたほどだった。宿舎に戻るとオーナーのシンインが近くの露店へと案内してくれた。彼は地元で有名な人らしく、屋台の人はみんな顔見知りで、両手いっぱいにご飯を抱えて私達は宿舎に戻った。そして歌手をしているというシンインは、ギターを弾きながら歌を歌ってくれ、彼の経験を面白おかしく語ってくれた。五歳年上のシンインは、学生の時は色々なものを見て、たくさん勉強しなさいとアドバイスをくれた。（私の文章力では伝わらないだけで）ご飯をたくさん買ってくれたとか話を聞かせてくれたとかではなく、シンインと知り合えたことが銀川に行った一番の思い出となった。シンインはその後、留学中だけでなく、帰国後日本の生活に慣れないと不満を漏らす私の相談に乗ってくれたり、「また火鍋を食べよう。僕は歌手だけどコックでもあるから何でも作るよ！」と、折あるごとに励ましてくれる。

銀川は驚くほど、本当に何もなかった。それでもまた行きたいと思うのは、兄のようなシンインや現地で出会った友人がいるからと心の底から思う。

旅行初めの頃は、現地の人に聞けばその土地の楽しみ方が分かるだろうという考えだったが、「いつでも帰っておいで」と言ってくれる友達を作ることが、旅の醍醐味となった。

留学時、確かに中国が好きで、日本帰国はしたくないけれど一時帰国くらいはしたいと思っていたが、どんな手を使っても帰国させず中国を目一杯見させてくれた母には今とても感謝している。もっと中国を知りたいと思い今年の秋、私は進学で中国に帰る。中国の友人にまた会えることが何よりの楽しみであるし、中国文化をしっかり学んで中国の本当の姿を正しく日本に発信していきたい。

時沢　清美（ときざわ　きよみ）

一九九四年生まれ。大学二、三年次北京に留学。二〇一七年ダブルディグリープログラムで創価大学と北京語言大学を卒業。二〇二〇年六月南京大学修士課程を終了し、来年は社会人として中国に戻ります。

私の忘れられない中国留学

埼玉県日中友好協会会員 中島 正也（山西大学）

日中国交正常化の後、山西大学に短期留学した私は、中国での生活を通して多くの人と知り合い、日中の歴史を知った。私の生き甲斐である日中友好運動に、この短い留学の経験は今も役立っている。

私が中国に興味を持ったのは学生時代。それは当時の新聞やラジオからの断片的な情報で聞いた「解放」とか「社会主義」という言葉であった。しかし、当時は中国の政治状況を詳しく知る資料は乏しかった。

一九五三年、私は日本国有鉄道に入社した。当時の国鉄労働組合はそのころから高揚していった労働運動、政治運動、大衆運動を積極的に指導していった。組合員の私も参加するようになり、中国の実情を知りたく日中友好協会に入会した。

当時の日中友好協会は、中国との国交正常化運動の先頭に立って活動していた。私も埼玉県内の各地で開催した中国展に参加した。

体育の授業で太極拳を学ぶ

一九七二年に中国との国交が正常化すると、埼玉県は山西省と一九八二年に友好県省関係を締結した。そこで埼玉県日中友好協会は山西省太原市にある山西大学に留学生を派遣する事業を始めた。私は中国をより良く知るため、この機会にと国鉄を退職し、山西大学に短期留学した。

一九八七年四月から三カ月間の短い留学。簡単に中国語が覚えられないことはわかっていた。しかし、実際に「中国を知る」には、そこで生活する留学以外に方法がないと考えた。

山西大学の授業で、埼玉県に山西省訪日団の通訳として度々随行していた孫鳳翔教授の講義があった。それは「山西省概況」で、私が知りたかった内容であった。山西省は、中華文明発祥の地の一つであること、歴史的な文化遺産や建造物が多いこと、そして日本との関わりが深かったことを知り、山西省についての興味は日々増していった。

太原市には、一九七九年に訪れた時に知り合った中国人の朋友がいた。時間を見ては彼の家庭を訪ねた。そこ

留学修了記念植樹。留学生（6名）と先生

で、中国人の物の考え方や生活習慣などを知ることができた。また、山西省はかつての日本軍の侵攻によって甚大な被害があったこと、今もそのトゲが残り、対日感情は良くないことを聞いた。私は朋友の案内で太原市の郊外にある「牛駝寨烈士陵園」と「双塔烈士陵園」に行き、そこで「過去の歴史」をさらに知ることができた。

留学は短い期間であったが、多くの老師、大学生と知り合い、期待していた以上に「山西省」の知識を得た。このことは、その後の私の人生に大きく影響した。

留学後は、中国に関わりのある仕事を、そしてこの経験を少しでも役立てたいと考えていた。図らずも所沢の「中国残留孤児定着促進センター」に就職した。このセンターには、すでに埼玉県日中友好協会が山西大学に派遣した留学生数名が、講師として帰国者に日本語を教えていた。私は、日本社会に定着するにあたっての生活指導に約十五年間たずさわった。

一九九〇年代から中国で始まった「希望工程」事業に、県内各地の友好協会は有志から寄付を募った。埼玉県日中友好協会は山西省楡社県に、富士見市日中友好協会は五台県に「希望小学校」を建てた。これと同時に始めていた「失学児童支援」（貧しく進学できない子どもに学費を援助する）事業は、資金を寄付した人を「里親」、援助された児童を「里子」と呼んだ。その資金は山西省各地の失学児童を援助していった。

私の住む富士見市の市民からの資金は、一九九九年から山西省で最も貧しい臨県の失学児童を援助した。この事業は二〇〇八年まで続き、臨県内にある六十村の小学校において、里子は約二百五十人となった。

この事業が終わって十年目の昨年（二〇一六年）、私はその後の里子を訪ね臨県に行った。里子が生まれ育った所の多くは辺境の山村。黄土高原に点在する村々を回り、里子が在学した小学校を訪ねた。僻地にある村のいくつかは廃村となっていた。当然小学校は廃校となり、校舎のヤオトン（伝統的な洞穴式住居）教室は見る影もなく朽ち果てていた。里子の多くは学校を出ると村を出ていった。短期間の訪問で里子に会うことはできなかったが、村民や先生方が、すでに退職した先生や里子の友人などを探してくれた。その協力で十数人の消息を知ることができた。臨県政府の関係者や先生方から「もし貴協会からの援助がなければ子どもたちは進学できなかった。生涯文盲であったかもしれない」と感謝され、そして「大学まで進学した里子も何人かいる」と知らされた。

私の生き甲斐である日中友好運動に、この短い留学の経験は今も役立っている。現在、八十五歳を過ぎたが、日々老骨にムチ打って頑張っている。

中島　正也（なかじま　まさや）
一九三四年九月一日生まれ。一九五三年三月川崎市立橘高校卒業。一九五三年三月日本国有鉄道入社。一九八七年八月中国残留孤児定着促進センター就職。

中国留学体験記

元会社員　波田　博明（上海大学）

若い頃から興味があった中国語会話を定年後の目標にし、上海大学に留学。国境も世代も越えた交流を重ねながら、中国語学習と中国一人旅を続けてきた。その時知り合った中国人たちとは、今も交流が続いている。

中国語への入門

二〇〇四年三月に六十歳で定年退職。若い頃から興味があった中国語での会話が出来るようになることを定年後の目標におき、正しい四声発声を目標にしている日本人講師のスクールと、初歩の会話力のマスターを目標にしている中国人講師のスクールの二カ所に三カ月間通った。

上海大学留学

マンツーマン授業（二〇〇四年十～十二月）

六十才以上も受け容れる上海大学に留学。クラス授業（A～E班）には間に合わず、個人授業で繋ぐことに。クラス授業の若い日本人留学生達には、生活に必要な情報を色々教えて貰い、それを機に食事等々も一緒にする仲になった。一方で十二月に南京師範大学の学生と知り合い、これが縁で度々南京を訪れることになった。発音のきれいな彼女は、私の間違った発音を正してくれた。後に「私達は忘年之交」と言い、更に年月が流れた後、日本から結婚式に参列し、メモを見ながら中国語で祝辞を述べた。今はイタリアの大学に留学中の彼女とメール交換を続けている。短期間だったが留学生活の甲斐があった九週間で、正月前に一時帰国。

上海大学（以下、上大）留学

クラスレッスン第一期（二〇〇五年二～七月）

クラス決めは、教師が学生毎に中国語で質問し、その回答でレベルを判定しクラスを決め、私はB班になった。一週間の科目は、読写四、会話四、聴力二コマ。一コマ百分で、一日の授業は二科目。朝八時開始で十一時四十分終了。B班は全十八名で、八名が日本人、次に韓国人、あとは東南アジア、欧米人だった。教師が日本人以外の学生に母国語発音に近い漢字名をつけてあげ、彼らがその漢字が書けるまで練習して覚えていく姿は、とても健気に見えた。授業後は、留学生達と一緒に昼食に行き、少しずつ交流範囲が広がり、若者達から夕食、テニス等々の誘いも受け、生活が充実していったが、毎日、復習と予習が必須という厳しさもあった。一方で、住居を大学前のマンションに転居した。上海のマンション面積は、百～二百平方メートル（共有面積を含む）が普通で、天井高も二メートル八十センチと高く、その空間の広さ

上海大学の先生（前列左から3番目）たちと
（筆者は後列左から2番目）

雲南民族村にて、苗族の女性と

に驚いた。マンション住まいとなり、親族や友人らが来た時の宿泊が可能となり、妻を始め多くの親戚、友人が来るきっかけとなり正解だった。七月十五日の修了式後、九月の授業開始まで一時帰国。

クラスレッスン第二期（二〇〇五年九月～二〇〇六年二月）

クラス決めでC班になったが、実力相応の再度のB班にして貰ったので、少し余裕を持って過ごせ、休みの時は自由旅行に出て、中国語を使う機会を沢山得ることができた。二〇〇六年の除夕は一月二十八日で、歩道上は数日前から爆竹露天商でいっぱい。初めての除夕を体験すべく妻も上海入りし、当日は行きつけの飯店で、日本人とモンゴル人の留学生を加えた四人で二十二時から夕食。二十三時過ぎから車道で店主が爆竹に点火。近隣の商店も一斉に爆竹点火し、二十四時になると「新年快楽！」の挨拶が飛び交う中で春節初一を迎えた。マンションに戻っても爆竹音は夜中も途絶えず、睡眠不足での初体験だった。二月の授業開始まで一時帰国。

クラスレッスン第三期（二〇〇六年二～八月）

C班に進級した。C班の一週間の科目は、読写四、会話四、報刊二コマ。学生数は二十六名で、学生達の中国語レベルは向上し、会話授業の時、ドイツ留学生が「上海はビール一本五元(?)で、五本呑んでも二十五元(?)と安く、これが一番嬉しい」と発言。私は大学時代のヨーロッパ一人旅の話をした。その後、休憩中に二人の欧米人が「もっと詳しい話を聞きたい」と言ってきたこともあった。二カ月半ほど全科目に出ていたが、HSK試験を受ける考えまではなかったので、大学の授業は会話のみに絞り、空いた時間を外部の語学学校で、日常会話に特化した授業を受ける事に決め、五月十一日からスタート。上大の授業は六月で終了し、七月七日、最後の修了式に参加。今後は語学学校での授業で成果を出す覚悟だった。八月五日に一時帰国。

語学学校でのマンツーマン授業（二〇〇六年八～十二月）

既に上大に籍はなく「一人旅を、より円滑に」を目標に、街の語学学校に通い続けた。そして、最終帰国決断の日は突然訪れた。決断に至ったのは「食の問題」で、毎日の中華料理を、ある時期から受け付けなくなり、韓国料理主体に替えたり、自炊にしたりして過ごしたが、これらも限界に至り、ついに「日本に帰ろう」と言う気持が固まった。その後は、極めて短期間で不要物の処理、賃貸契約の終結と家賃精算等々を済ませ、十二月十九日の便で完全帰国した。

特に印象に残る旅行先

①大理、麗江、香格裏拉、西双版納。②ラサ・ポタラ宮と青蔵鉄道。③洛陽の龍門石窟。④桂林。⑤黄山。⑥南京。⑦西安。⑧ハルビン。⑨景徳鎮。⑩その他を含め、全三十四行政区中、二十一行政区を訪れたが、中国の国土の広さを強く認識することが出来た。

波田　博明（はた ひろあき）

一九四四年北九州市生まれ。一九六二年中央大学入学。一九六五年、横浜港から出航しソ連経由で欧州へ。憧れの都市や山を一人旅し、帰りはマルセイユから船に一カ月乗り、全三カ月の冒険旅を終え神戸港に帰国。一九六六年、卒業し鉄鋼関連企業に就職、二〇〇四年に定年退職。同年十月に上海大学へ語学留学。二年強、中国語を学びつつ、中国一人旅を続け、旅は今も継続。知り得た中国人の数人とは、今も交流している。

旅は情け人は心
—五丈原をたずねて—

高校教員　藤本　菜美子（遼寧師範大学／陝西師範大学）

旅とは出会いである。留学生活最後に旅した宝鶏と五丈原、そこには思い出に残る出会いがあった。懐の広い老板とその友人家族らのおかげで、非常に濃い宝鶏旅行となり、その後の旅にも大いに弾みをつけた。

「じゃあ明日はみんなで五丈原《ごじょうげん》へ行こうか」

期末試験を終え、各国から集ったクラスメイトたちは相次いで母国へ帰参してゆく。私はというと、帰国まで日にちに余裕があったので、最後に中国国内を旅行することにした。

東北は行った。北京は二度も訪ねている。どうせなら今後行く機会の得がたい方面がいいだろう。古都西安で学んでいた私は、西安以西へシルクロードをたどる旅をすることにした。

といっても明確な旅程は決めていない。敦煌は押さえておきたいし長城の最西端、嘉峪関も捨てがたい。新疆ウイグル自治区は進めば進むほど独特の雰囲気を味わえそうだ。根っからの優柔不断な性格のため行き先を決めるのにぐずぐずしていたが、いい加減出発しなくてはそれこそまともに旅行ができなくなりそうだった。

ぎりぎりまで迷って、えいままよと飛び乗った列車は、西安に隣接する宝鶏という町へ向かう便であった。

宝鶏は小さな町ではあるが、いくつかの名所旧跡を有している。日本でも人口に膾炙した中国の小説『三国志演義』に、諸葛亮という主要人物がいるが、彼が最期を遂げた場所が、実はここ宝鶏に位置する五丈原なのである。

私は日本では中国文学を専攻する大学生であった。ここを目的地としたのも、帰国したあとは諸葛亮をテーマにした卒業論文を書こうと決めていたので、五丈原はぜひとも押さえておきたかったのである。

宝鶏に着いたのは午後三時頃であった。五丈原は郊外に位置しているので、明日バスで行くことにして、とりあえずその日は駅からほど近い、金台観という道観へ向かうことにした。

この道観は丘の上に建てられており、市街を一望することができる。なかなか良い眺めである。

すでに夕刻ということもあって観光客はまばらである。そうそう、ちなみに私はこの旅は一人で来ていた。そんな計画性のない旅行に一緒に行こうという友人は誰もいなかった。それはともかくとして、せっかくなので旅の第一日目を記念に写真に収めておこうと思い、近くにいた中国人にカメラをお願いした。そしてこの中国人との出会いが、今回の旅行を私にとって留学中の一番思い出深い旅にすることになったのだ。

宝鶏の五丈原にある諸葛亮の墓

遼寧師範大学キャンパスの一角

その中国人といくらか中国語でやりとりをしていると、おのずと私が日本からの留学生で、帰国前の旅行中だという自己紹介をすることになった。

宝鶏はあとどこに行くつもりなんだと聞かれ、五丈原に行きたいのだと答えた。

「五丈原へはタクシーで行くしかないぞ」

寝耳に水であった。日本から持ってきたガイドブックには、五丈原行きのバスが走っていると書かれていていてそれをあてにしていたが、どうやらすでに廃線になっていたようだった。

タクシーを走らせておよそ一時間。旅行を始めたばかりであるのに、ここで贅沢してしまうのは非常にためらわれる。でも五丈原に行くために宝鶏まできたのだから、行かないわけにはいかない。一体どうしたらいいものだろうか。

そうやってぐるぐると悩んでいたときに、その中国人の口から出たのが、一行目に掲げた言葉であった。

あまりにも意表を突いた提案に、しばらく事を飲み込めずにいた。よくよく話を聞いてみると、なんとその中国人は地元の旅行会社の老板（社長）で、その日は旧友が家族連れで遊びにきていて、宝鶏を案内していたのだという。次の日の予定もはっきり決めていないし、ついでだからお前も一緒に来て、みんなで五丈原に行こうじゃないか、と。

急な展開に戸惑いながらも、渡りに船とはこのことか。知らない人についていってはいけないと小さいときに教わったが、おじさん二人だったら私もさすがに遠慮したが、その友人の奥さんと中学生の娘さんも一緒だったため、この面々なら大丈夫だろうと、連れて行ってもらうことにした。

私は非常に運がよかった。旅行会社の老板はその後の旅先についても、この街はここを見た方がいい、ウルムチに旅行会社の知り合いがいるから話を通しておいてやろう、と親切に相談に乗ってくれた。顔が利く宿泊施設までも格安で紹介してくれた。そして翌日、我々はみんなで五丈原に行ったのだ。

老板は、次の行き先に向かう夜行列車に乗るまで、私の面倒をずっと見てくれた。五丈原以外にもいくつかの名所に案内し、宝鶏の名物料理を振る舞った。友人家族らとも道中日本のことや色んな話題を楽しみ、無邪気な中学生の娘とのやりとりは今でも心を暖かくする。

旅とは出会いである。本当にそう思った。日本人の女の子が一人頼りなく旅をしているのを見て放っておけないと思ったのかもしれないが、もしも私だったら、見ず知らずの者にそこまで親切にできるかと言えば、正直二つ返事でとはいかない。懐の広い老板とその友人家族らのおかげで、非常に濃い宝鶏旅行となり、その後の旅にも大いに弾みをつけた。

あれだけの体当たり旅行をする気力はもうないけれど、老板は今でも宝鶏の老板であるのだろうかと、時々思いを馳せてみる。

藤本　菜美子（ふじもと　なみこ）
二〇〇九年九月～二〇一〇年二月大連遼寧師範大学で留学。二〇一〇年三月～二〇一〇年七月西安陝西師範大学で留学。現在は兵庫県の県立高校で国語科の教員として働く。

中国留学体験記

自営業　松原　京子（北京外国語大学）

文化のルーツである中国へ。そんな思いを胸に、私は北京へ短期留学しました。内蒙古で見上げた夜空の流れ星、北京原人が発見された周口店遺跡、憧れの万里の長城……素敵な思い出がいっぱいの留学生活でした。

私の人生の転機となった一冊は、三十六歳の時に読んだ長澤信子さんの「台所から北京が見える」です。中国の改革開放以前に、三十六歳から中国語を習い始め、今は赤い帽子をかぶり、通訳・ガイドとして年に何回も飛んでいるという体験談でした。

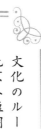

北九州育ちの私は何となく子どもの頃から東京よりも距離的に身近に感じていたし、歴史や文化のルーツである中国へいつか行ってみたいと……。子育てに追われる日々の中で、そんな思いに火が付いた瞬間でした。

それから数年後。「人生八十年」のターニングポイントを、どうしても中国で考えたいと、意を決し主人に短期留学の件を伝えたところＯＫが出て、一九八七年三十九歳の夏、年長組と小学四年・六年の娘三人を主人の四国の義母に預け、北京外国語学院へ約一カ月の短期留学に

JR長野駅駅長室にて。左から阿部守一知事、蔡奇書記、筆者、宮澤信代県女性委員長

出発しました。

三十余年前の中国は、まだ貧しくて人民服と自転車の洪水、ニイハオトイレの印象が強く残っています。服務員の態度もひどくて、大学寮の風呂場で皆が入浴中にもかかわらず、番台のおばさんが十時キッカリに電源を切って暗闇状態になりビックリさせられたことも。北京の夏はとても暑く、冷房のない大学から近くの香格里拉飯店へ涼を求めて駆け込んだものです。

授業よりも実体験の方が勉強になると時折、逃学（サボる）し仲間たちとまず内蒙古へ。パオに泊まり、大草原の中で夜空を見上げると巨大な天の川と流星群。星が降るような天体ショーに心を奪われました。

バスの定期券を購入して、北京原人が発見された郊外の周口店遺跡にも出掛けました。どこから集まってくるのだろうか、大勢の人たちがまるで蟻のように続々と押し寄せるので何台ものバスを見送り、やっとの思いで乗り込むことが出来ました。北京原人が人類で初めて火を使う場面には感動でした。更にナウマンゾウとオオツノシカの展示には、野尻湖博物館でその像を見ていたので、日本と中国が大陸続きだったのだなあと、しみじみ「一

ホストタウン記念バッジ

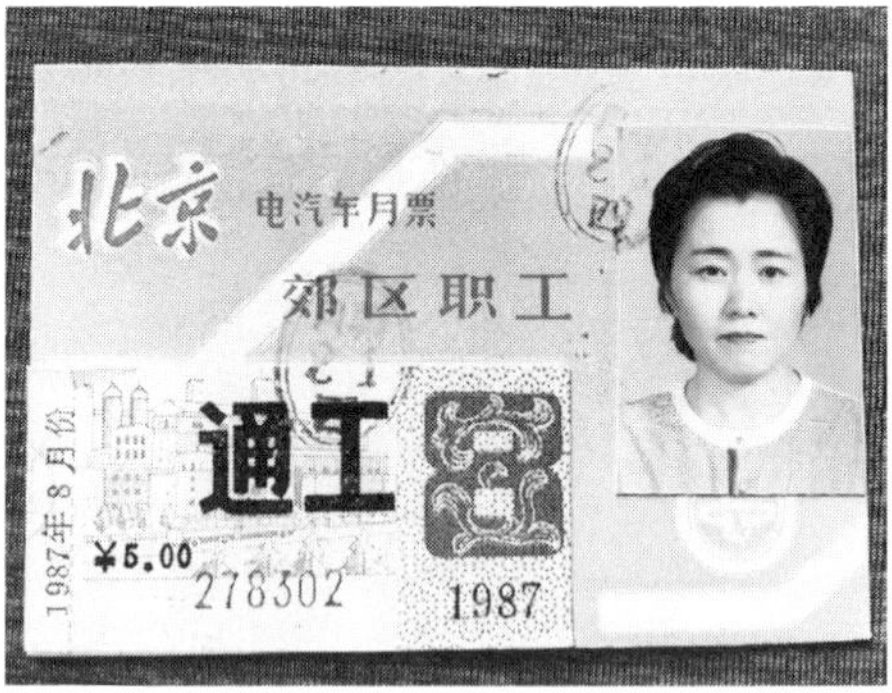

月票を購入してバス・トロリーバスを利用

衣帯水」の意味を体感することができました。

憧れの「万里の長城」へ登った時は、ついに中国へ来たぞ！と大興奮したものです。中国の要人たちの避暑地といわれる北戴河には大学の海の家があり、皆で夜の浜辺でビールを飲んで大はしゃぎ。門限破りをしてしまい、高い壁を乗り越えて部屋へ戻ったことも愉快な思い出のひとつです。渤海を望む東端に「山海関」があり、いつか西端の「嘉峪関」を訪ねたいとの願いは、七年前の敦煌ツアーで果たすことができました。

また長野市の語学研修生だった陳大功さんの案内で、当時人気の男優だった朱時茂さんや女性監督とマイクロバスに乗って、映画「超速」の撮影現場へ同行。ハンサムな朱さんと一緒にアイスキャンデーを食べながら歓談をして胸をときめかせたことも……。

学生気分でさまざまな場に足を運び、人々とふれ合った短期留学生活で得たものは、後半の人生も〝人の役に立つ生き方〟をしようということでした。わがままを許してくれた主人と亡き義母には感謝の念でいっぱいです。

「光陰矢の如し」。あれから三十三年。私は長野県日中友好協会に所属し、十四回訪中しましたが、今や中国は

ＧＤＰ第二位の経済大国に変貌し、巨大経済圏構想「一帯一路」の邁進に〝驚異〟を感じるこの頃です。

ところで長野県は、二〇〇〇年から河北省で植林活動を実施しています。私も参加して四度目になりますが、地元住民と植林に汗を流した太行山麓の赤土の大地が年々、緑に覆われていく様子にとても嬉しく思います。

「日中国交正常化四十五周年記念・緑化協力ツアー」で驚いたのは、都会で人気の数百万台のシェア自転車です。スマホを利用し自転車のＱＲコードを読み取り、ロック解除して乗り、料金はチャージ払いで三十分約八円と格安。新たな新自転車時代の波が到来していました。

二〇二二年北京冬季五輪開催地の張家口市も視察しました。人口約四百五十万人で高層ビルが林立し、中心街には五輪のモニュメントや看板が設置され、山間部はスキーリゾート地として開発工事が進んでいました。

さて長野県は東京五輪・パラリンピックで中国を相手国に選手らと交流する「ホストタウン事業」に官民一体で取組んでおり、次の北京冬季五輪まで応援します。昨年六月、北京市トップの蔡奇書記が来県し、Ｍウエーブや白馬村のジャンプ台を視察した時「オリンピック開催という共通点を持っている両地は、スポーツを通じて友好を深めていきたい」と抱負を語りました。残念ながらコロナ禍の影響で交流が止まっていますが、一日も早く終息し、平和の祭典が無事に開催されることを祈りたいと思います。そして中国との往来が以前のように再開される日が来れば、シニアの中国留学は年齢的に無理なので、昨年訪ねた貴州省の苗族やトン族の村で、気の合う仲間とホームステイの旅をしたいと夢をふくらませています。

松原　京子（まつばら　きょうこ）
一九四八年生まれ。九州国際大学付属高校女子部卒業。Ｍ企画代表。（公社）日中友好協会全国女性委員会監査。長野県日中友好協会女性委員会事務局長。長野市日中友好協会女性委員会委員長。

わが青春の中国留学

この二十年、中国社会は大きな変貌を遂げた。私は二〇〇〇年の北京留学以来、中国とのおつきあいを長く続け、多くの友を得た。今後も微力ではあるが、友好人士の一人として両国の交流の架け橋になりたい。

特定行政書士　多田 州一（北京理工大学）

中国に留学したのは、もう二十年も前のことである。西暦二〇〇〇年の年、平凡な文科系学生だった私は、先の見えない将来への布石として、北京での語学留学へと旅立った。この時、二十一歳であった。

大学の選択科目で中国語を履修し、前年には北京での短期研修にも参加していた。なんとかして中国語がもっと上手になりたい。そんな思いから休学届を提出し、遠路はるばる北京の地を再訪したわけである。

渡華の日は一月末で、北京は春節前のにぎわいを見せていた。雪こそなかったが、骨に刺すほどの寒風が身にこたえたことを覚えている。

当初は空港やホテルなど、すべてが暗く感じられた。照明事情もあっただろうが、自分自身の不安な心情そのものであった。なにせ言葉が聴き取れない。筆談と言っ

2000年、留学先・北京理工大学の60周年記念式典（校慶）にて

ても、単語量が少ないと、話が進まないのだ。留学先の北京理工大学に落ちつくと、春学期開始までの間、既習の単語についてピンインと声調、簡体字をセットで覚えなおす作業をしなければならなかった。

　このころ、中国社会は大きな過渡期にあった。外部との連絡は、手書きの私信が主流であり、留学生宿舎の入口前には、いつもたくさんの手紙が無造作に置かれていた。留学生の誰もが、ここで自分宛ての郵便が来てないかを確認するのが日課だった。もっとも、インターネットはすでに登場していたが、ダイヤルアップ接続のため、ネット中は電話が使えなくなるという弊害があった。

　電話と言えば、当時は携帯がそれほど普及していなく、しかも若者にとって高価なものだったことから、私も含めて学生たちは、もっぱら部屋の固定電話を使っていた。中にはＢＰ機（ポケベル）を使う人もいたが、必ずしも多くなかった。このほか、カメラはフィルム式からデジカメへの移行期にあった。

　改革開放二十有余年を経て、北京では大規模な都市開発が行なわれていた。とくに、理工大学や人民大学のある中関村から五道口かけての一帯の変貌は、目を見張る

中国の伝統芸能・京劇「覇王別姫」の一幕

ものがあった。それでも、朝夕のラッシュ時になると、車がさかんに往来する中で、昔ながらの自転車の群れがあちこちで見られた。折しもマンションブームの直前で、多くの市民がまだ単位（所属先）の住宅で暮らしていた。

一方、町のいたるところでは、「アジアの歌姫」テレサ・テン（鄧麗君）の歌曲が流れていた。は歿後もなおその余韻を残していて、テレサの歌をテーマにした『ラヴソング（甜蜜蜜）』という映画が、巷で好評を博していた。

漢語進修生コースでは、私は中級C班というクラスに所属し、会話や文法、作文などの授業を受けていた。クラスは十数人で、そのほとんどが日本人と韓国人で占められていた。中国語漬けの講義も、カセットの音声教材での復習が功を奏してか、しだいに理解できるようになった。しかし試験となると、そう簡単にはいかなかった。

留学生は中国語能力の証明として、ＨＳＫ（漢語水平考試）を受験する。この当時は旧制度であり、一般には初中等で最上の八級を目標とする人が多かった。最初のＨＳＫ試験が七月にあったが、結果は惨敗で低い点数しか取れていなかった。他方、クラスメートはその同じ試験でいち早く八級を取得し、周囲の喝采を浴びていた。一般に中国人は親しい相手に対して遠慮がない。悪気がないとはいえ、成績抜群の同級生たちといちいち比べられ、悔しい思いをした。

語学は一朝一夕にはいかない。以来気を引きしめての奮励が始まったのだが、せっかくの中国留学である以上、中国語はもとより、中国文化に関する見聞も広めたいものだ。

ことに印象深いのは、大陸各地の史蹟巡りである。一人で寝台列車（硬臥）に乗って見知らぬ土地に行き、そこで出会った行きずりの人たちと行動をともにするという、若さゆえの無鉄砲な旅を繰り返した。

八月に身内が訪中すると、故宮や頤和園、万里の長城、老舎茶館での京劇などへと案内した。夏以降、観光事情にも精通し、ガイド役が務まるようになっていた。

さらに、九月には、化学系学生たちと泰山を訪れ、明け方に山頂に達したことも忘れがたい。急峻な夜の山道をお互いに励ましあって登ったが、そこにはすでに流暢な中国語を話している自分がいた。語学の習得にはとにかく反復が必要だが、実践をつうじて、中国語が使える楽しさを実感できるようになっていた。

翌年一月、留学は突如として終焉を迎えた。母方の祖母の訃報により、緊急帰国することになったのだ。だが中国語の勉強は続いた。その後も努力を重ね、留学時には間に合わなかった上位の等級に順次合格していった。

この二十年、中国社会は大きな変貌を遂げた。私も縁あって中国とのおつきあいを長く続けてきたが、北京留学はその原点と言えるだろう。今後も微力ではあるが、友好人士の一人として、両国の交流の架け橋になりたい。

多田 州一（ただ しゅういち）
一九七八年、北海道小樽市生まれ。二〇〇〇年三月～二〇〇一年一月、北京理工大学に留学。二〇〇九年四月～二〇一六年七月、中国の大学における外国人専門家として、日本語専攻学生を指導。二〇一八年四月、行政書士登録。現在は語学教師のほか、北海道日中友好協会理事、札幌日中友好協会副会長を兼任。

憧れの北京大学留学・京劇役者に大変身！

大学生　塚本　真悠（北京大学）

私の留学体験は、小さい時から憧れていた北京大学への一カ月の個人留学。京劇の『小旦』に変身して撮影した写真集とパネルは今でも私のお気に入りの宝物です。これからもずっと中国に携わっていきたいです。

私は今年の二月から三月まで、小さい時から憧れていた北京大学へ一カ月の個人留学をしてきました。

実は北京に行くのは、これが三度目でした。初めて行ったのは小学校六年生の時です。丁度二〇〇八年の北京オリンピックの年で、北京は多くの場所が開発され、綺麗になりながら活気づいていました。街中ではオリンピックキャラクター「福娃《フーワー》」のグッズが売られ、どこにいっても『北京歓迎你』の曲が流れていました。そのため、この時の北京の印象は「中国の首都」というより、「オリンピックの街」というものでした。二回目に行った時、最も印象的であったのは京劇でした。元々劇が好きだった私は、京劇と出会ってからというもの、どんどん中国文化にはまっていきました。何度か行ったことがあるとはいえ、六年ぶりの中国大陸に行くのはとても緊張しました。

無事に北京に着き、他大学と合流してからバスで北京大学へと向かいました。北京大学に着いた時の、生まれて初めて自分で自分に夢をかなえられた感動は一生涯忘れることは出来ません。

北京大学で行われた留学プログラムには四十人ほどの参加者がおり、海外から来た生徒は少数で殆どが日本人でした。私の中国語のクラスは、比較的レベルの高い授業で、毎日行われる授業では、普通語に限らず、北方方言や文化なども習うことが出来、更に韓国人、またイギリス生まれの中国人のクラスメイト達と中国語を使いながら交流することが出来て、授業がとても楽しかったです。

授業後は自由に時間を使って良かった為、冒険が大好きで積極的な私はよく街を散策しに行きました。多くの学生が友達同士、日本人同士で出かけていくのを見かけ

映画「さらば、わが愛」でも有名な虞美人へ大変身した私

留学最終日も京劇！生まれて初めて行った懐かしの梨園劇場へ

ましたが、私は散策時には殆ど意識的に一人でいました。折角北京にいるなら、日本では行けない所に行って、北京の人達と交流したり、北京で人気な現地食を食べたりと、とにかく日本では出来ない経験を沢山したいと考えていたからです。その甲斐あって、一カ月しかなかった留学期間はとても充実したものとなりました。

中でも私が一番楽しかったのは、京劇の変身写真と観劇です。十二、三歳から興味を持ち始めた京劇はその後もずっと好きで、京劇を題材とした映画や本を沢山読んでいました。ですから北京への留学が決まった時も、京劇は必ず観よう、二十歳の記念に変身写真も撮れたらいいな、と思っていました。そして、北京に着いて三日後には、私はＱＱのアプリを使って自分で変身写真の手配と予約をし、その週末に撮りに行きました。京劇の変身写真を撮るのは時間がかかります。まずセットを選び、変身したい作品やキャラクターを選び、更にそのキャラクターのどの場面の、何色の衣装が良いかなどを細かく決めていきます。日本語の出来る店員さんはおらず、一人で行ったので全て中国語を使って話すことが出来て、とても楽しかったです。そこからいよいよ、京劇の醍醐味とも言えるメイクを施していくのですが、本当に時間のかかるメイクで驚きました。大がかりな二時間半のメイクの末、私は立派な『小旦』になっていました。メイクさんと話しながら自分の顔が変わっていくのはとても不思議な光景でした。撮影時のポージング指示も細かく、プルプルと震えながらもなりきって楽しく撮影を終えました。店員さん方にも中国語とポージングを褒められ、大満足で帰った二週間後に写真を貰った時は本当に驚きました。写真集には私とは似ても似つかない『小旦』が堂々と、そして楽しそうに写っていたからです。この写真集とパネルは今でも私のお気に入りの宝物です。また、今回の留学中に京劇は二回観劇しました。一回目はプログラムに中に予め組まれていたもので、『北京歓迎你』のＰＶにも使われていた有名な劇場でした。ＰＶに使われるだけあって、劇場自体が中国文化の作品のように美しく、感動しました。二回目に行った劇場は、私が初めて京劇を見た劇場を予約し、帰国の前日に一人で見に行きました。同じ劇場で久しぶりに見た京劇は、歌もセリフも半分ほど聞き取れて、横の電光掲示板に出る字幕はすべて理解できるようになっていて、自分の進歩を改めて感じました。

　帰国後も、私はやっぱり中国が大好きなんだなぁ、と改めて感じます。両親や友達にも「真悠はやっぱり中国が好きなのね」「中国で見た時のあなたは水を得た魚のようだったわ。中国が合っているのね」と言って頂くことが増え、最近では中国人の先生方が中国の大学院を勧めてくださるようになり、本格的に自分の中国愛と中国語に自信を持てるようになりました。これからもずっと中国に携わって行きたいと思っています。

塚本　真悠（つかもと　まゆ）
拓殖大学外国語学部中国語学科三年次在学中。

自分の目で見る大切さ

大学生　木下　夏葉（中山大学）

中国留学中に行った厦門旅行で私は人々の優しさに触れ、独特の文化に触れ、中国社会の現実を見ることもできた。当たり前と思っていた価値観や中国への先入観が払拭され、自分の目で見る大切さを学んだ。

最も印象に残っている思い出は、ルームメイトと二人で行った厦門旅行だ。中国に渡って二カ月。異国での生活にも慣れた頃、韓国人のルームメイトが「広州以外の場所にも行ってみたい」と言い出したのがきっかけだった。ホテル代の節約と夜行列車への興味もあり、私たちは夜行列車を予約し広州から約十二時間かけて厦門まで移動することにした。

出発日、広州駅に着いた私はまず中国の駅の独特な雰囲気に戸惑った。駅前の広場で食べ物やおもちゃを売る多くの高齢者。薄暗い駅構内や、ボロボロの大きな荷物を持った農民工らしき人達。異国を感じさせるその光景を見て、当時の私はディープな中国をこれから体感できるというワクワク感と初めての旅行への不安が入り混じった気持ちになった。

私たちが予約したのは一部屋に二段ベッドが二つある「軟臥」。知らない中国人の夫婦と同室だった。彼らは地方出身らしく、訛りが強いため普通語での会話はあまりできなかった。初めての国内旅行という緊張感と興奮、また直に伝わるレールの音が気になったのもあり、この日私はあまり寝られなかった。

2015年、永定土楼にて

二日目の早朝、列車は厦門駅に着き、私たちはタクシーに乗り市内へと向かった。しかし運転手は途中、観光案内所で私たちを降ろした。そして「ツアーに申し込まないとタクシーにはもう乗せない」と言い出した。知らない土地で何も分からない私たちは言われるがままツアーを申し込むしかなかった。

結局この日は観光名所巡りをすることに。日本の寺院とは違い、色使いが鮮やかな南普陀寺や、南国の雰囲気が漂う自然いっぱいの厦門大学はとても新鮮に思えた。その中でも洋館などが残るコロンス島の異国情緒溢れる雰囲気は特に印象的だった。その優雅な雰囲気に魅了され私たちは思わず写真をたくさん撮った。夜は中山路で福建省名産のお茶を買いに行き、たくさんの種類の茶葉や茶器がずらりと並ぶ店内で店主が入れたお茶を試飲した。甘みが強く豊かな香りがする中国茶を味わいながら、福建独特の訛りが混じった言葉で話す店主の話を聞いている時、私は福建省にいることを改めて強く実感した。

三日目、私たちは中国人向けの団体バスツアーに参加し、世界遺産にも登録された土楼のある永定に向かった。次第にバスは舗装されていない道路を走り始め、窓から

異国情緒溢れるコロンス島

見える景色も大きく変わっていった。道沿いにぽつぽつと建っている古い民家や、大きな荷物袋を積んだ車が行き交う様子を見て、広州とはまた違った中国らしい光景が新鮮に感じた。

バスに揺られること約三時間。目的地である土楼に着いた時、その規模の大きさに驚いた。円形の独特な形をした住居には洗濯物がかかり生活感溢れる様子を見て、客家の伝統的な文化を直に感じることができた。約四十人のツアー参加者の中で外国人は私たちしかおらず、最初はアナウンスがちゃんと聞き取れるか不安に思っていた。しかし、私たちのパスポートを見たツアー参加者の方々は、「留学生なの？」「これも食べてみなさい」「一緒に写真撮ろう」などと優しく話しかけてくださり、たくさんの方々の温かさに触れることができた。食事は十人ほどのツアー参加者とテーブルを囲んで食べ、まるで自分たちも中国人になったような気分だった。帰りもツアー参加者の方が私たちにお勧めのお菓子を分けてくださり、ホテルまでの帰り方も丁寧に教えてくださったりして、人々の優しさに触れた一日となった。

最終日は再度中山路を散策。道沿いにお店が連なり多くの若者が集まる賑やかな通りで、私たちは買い物や食べ歩きを楽しんだ。

帰りは高速鉄道を乗り継いで広州へ戻ることに。四日間の初めての中国旅行を経験した私たちは疲れと満足感から、電車に乗ってすぐに寝てしまった。

私は留学中の旅行を通して「自分の目で見る」大切さを学んだ。人々の優しさに触れ、独特の文化に触れ、中国社会の現実を見ることもできた。現地へ足を運べばいつも新しい発見があった。その度に中国への理解が深まり、今まで当たり前だと思っていた価値観や中国への先入観を払拭することができた。

しかし中国に対して先入観を持つ日本人は多くいるのが現状だ。日本で報道されるニュースだけを鵜呑みにし、人々が中国に悪い印象を持つことに悲しさと憤りを感じる。私はそのような人たちに「まず自分の目で確かめて」と伝えたい。本当の中国の姿を自分の目で見た時、きっと中国に対する印象は変わるだろう。

木下 夏葉（きのした なつは）

一九九四年三重県伊勢市に生まれる。小学生の頃から外国に興味を持ち始め、中学生の頃には長期留学に憧れる。二〇一三年、南山大学外国語学部アジア学科へ入学。父の仕事の関係で中国に特に興味を持ち、中国語を学び始める。二〇一五年九月から二〇一六年七月まで休学し、広州市中山大学の国際漢語学院で語学留学をする。現在は復学し、四年生として大学に通っている。

溢れる多様性、「中国」

大学生　越　雅史（広東外語外貿大学）

私は大学で学び始めた中国語に興味を持ち、広東に留学を決めました。世界各国の人々との共同生活は刺激であふれ、自分の世界に対する視野、関心が広がり、異文化との共生の中で人間として鍛えられました。

私は中学校時代ぐらいからすでに外国に興味があり大学では絶対に留学をしたいと思っていました。実際に大学に入り自分が英語を学びたいという意識から、留学先を考える段階では全ての候補が英語圏でしたが、大学入学後に学び始めた中国語に段々興味を持ち始め留学先の候補として考え始めました。大学二年次にアメリカ、天津にそれぞれ短期語学留学、研修に行き比較をした結果

今回広東外語外貿大学を留学先として決定しました。というのも英語圏に学習に来る人はアジア人が多く、中国語圏に学習しに来る人は欧米やアフリカなどの人が多いということに気づいたため中国に行けば中国語の能力を向上させつつ、さらに自分の好きな英語を母語としている人や、共通言語としている人々と話し、二言語の取得を目指せると考えたからです。

広東外語外貿大学には名前の通り外国語のコースとビジネスのコースがあります。私は中国での生活において現地の人々との会話に加え、授業中の発言、先生やクラスメイトとの会話、中国語コースの友達と話す時は中国語を使い、ビジネスコースの友達とは英語を使ってコミュニケーションを取っていました。そんな私も留学前はどちらの言語もままならない状態でしたが、自分から主体的に話しかけることで徐々にコミュニケーション力、語学力を向上し自分のコミュニティを広げていきました。そんな世界各国の人々との共同生活は刺激であふれていました。言語や宗教、文化の違いというのは趣深く、理解の難しい部分ではありますが、私はどれにも興味を示しさらに柔軟に対応することができました。なぜならオープンマインドでどんなことでも受け入れ理解しようという姿勢があれば相手も心を開いてくれると、異文化と共生している中で気づくことができたからです。

友達の部屋で手作りアラビア料理を囲んでいる写真。両手を挙げているのが筆者

広州市のイベントでグループパフォーマンスを披露し、2等賞を受賞した際の写真

そんな留学生活、素晴らしい人々や環境に囲まれていましたが自然にそうなったわけではありませんでした。好機はいたるところに落ちていますが拾いに行くかどうかは自分次第であり、恥やためらい、深い考えは捨てとりあえずやってみるということが大事だと学びました。現地のタクシー運転手と話している際に、「中国人は何でもとりあえずやってみるという国民性を持っている、例えば自分でとりあえず商売を始めてみて成功したらその調子で頑張って、もし失敗したらそこから学び、次に活かすんだよ」と教わりました。これは現地の中国人語学学生からも実際に私が感じ取ったものであり、とりあえず学んだことを使ってみる、そこで間違いに気づき学習し次に活かすといった方法で私が中国での生活で学んだことの一つでもあります。

　私が広州を留学先として決めた理由の一つに、経済発展中の地域を自分の目で見てみたいという点もありました。買い物から始まり地下鉄などの公共交通機関、留学中に行った全ての飲食店などでスマートフォンを利用したキャッシュレス決済が導入されており生活中に現金を持ち歩くことはほとんどありませんでした。他にも飲食品、インターネットや店舗で購入した商品などのデリバリーサービス、配車サービス、高速鉄道などがあり各所でお金、人、物の流通における発達を実感しました。日本国内のニュースで報道されることもありその様な技術の認知度も上がっているとは思いますが、実際にそれを経験するとなるとその利便性に驚きの連続でした。ニュースに関していえば経済関係の他に中国人について言及されることがよくあると思います。ただ、日本で言われるマナーの問題は文化や生活習慣の違いが引き起こすものだと思います。現地の人々に話しかけると素直に聞いてくれたり、実際に会話をしてみると怒っている様にも感じとることのできる強い口調ではありますが、とても熱心で親切な人々だと感じました。

最後に、今回の留学生活中、国籍、文化、言語、肌の色、境遇などの違う様々な人々の交流を通して自分の世界に対する視野、関心が広がり、価値観においても今までのものからさらに成長できたかと思います。言語だけでなく、人間としての中身も鍛えることのできた、そんな深い経験ができたと感じています。きっと今この経験は人生において一つの貴重な時間であり、決して忘れることはないと思います。両親はもちろん、今回の留学に関わっていただいた全ての人に感謝したいです。

越 雅史（こし まさふみ）

神奈川県出身。七歳から二十歳までの十三年間野球をしていたが、中学生頃から興味があった「世界」を見るためバックパッカーを始め、在学中に十四か国訪れ、中国十省を列車で旅をした。大学三年次に広東外語外貿大学に留学。大学の文化祭「世界文化節」では日本代表に選ばれる。広州地区第十一届中外友人運動会のボーリング部門に参加し、百二十人中四位で入賞。「二〇一九魅力広東 助我円夢 在奥外国人留学生交流活動」にて大学の代表メンバーの一人としてパフォーマンスを披露し、二等賞を受賞。

違和感がくれた最高の思い出と夢

大学生　吉原　萌香（北京外国語大学）

高校一年生の時に見たフィギュアスケートの試合がきっかけで私は中国語を学び、中国留学を通して、中国から書ききれないほどの体験と大切な思い出をもらった。私は大きな夢をくれた中国が大好きだ。

私の夢は、一人でも多くの日本人に本当の中国そして中国人を知ってもらうことだ。

私は大学で中国語を専攻している。私が大学で中国語を学ぼうと決意したきっかけは、高校一年生の時に自分の考えに対して大きな違和感を抱いたことだった。それはフィギュアスケートの試合を見ていた時のこと、日本でも有名な羽生結弦選手が中国の選手とリンク上でぶつかってしまい、お互いに怪我を負ってしまった。私はそれ以降、中国人の選手が故意に羽生選手にぶつかったのではないかと考えてしまっていた。そこから私は、なぜそう考えてしまうのだろうと自分に問い始めていた。中国は日本の隣の国であり、文化も漢字も伝わって来ていて、とても近い国のように感じていたはずが、実は私は中国や中国人のことを何も知らなかったことに気付いた。

始発に乗って天安門広場に行ったときの一枚。大勢の中国人の中で中国を肌で感じた

私が抱いていた中国へのイメージは、ニュースなどメディアから得ていたマイナスなイメージのみだった。私はそんな自分に違和感を覚え、嫌いになるのならば中国の文化や、中国人の考え方、生活習慣に自分で触れてから嫌いになろうと決めた。その時から、まずは大学で中国語を学び、留学へ行くことが私の目標になった。

大学に入学してからは、中国語の美しい発音の虜になり、中国に留学に行くことが楽しみになっていた。二年生の時には中国に行きたいという気持ちが溢れ、お金を貯め一週間ほど天津と北京を旅行。そして三年生になり、期待と不安でいっぱいの中、一年間の北京留学が始まった。クラス分けテストで少しレベルの高いクラスに入ることになった。日本にいた際は日本語で中国語の授業を受けていた私は、留学して先生の指示や討論、すべてが中国語という環境に初めて入った。先生の指示さえも必死にピンインを聞き取り辞書で調べていたほど、それまでは中国語を聞いて理解するという習慣がなかった。クラスメートとの簡単な話し合いでさえ、自分の使う文法や単語が正しいかどうか怯えながら話すほど自分の中国語に自信がなかった。それでも周りのクラスメートに助

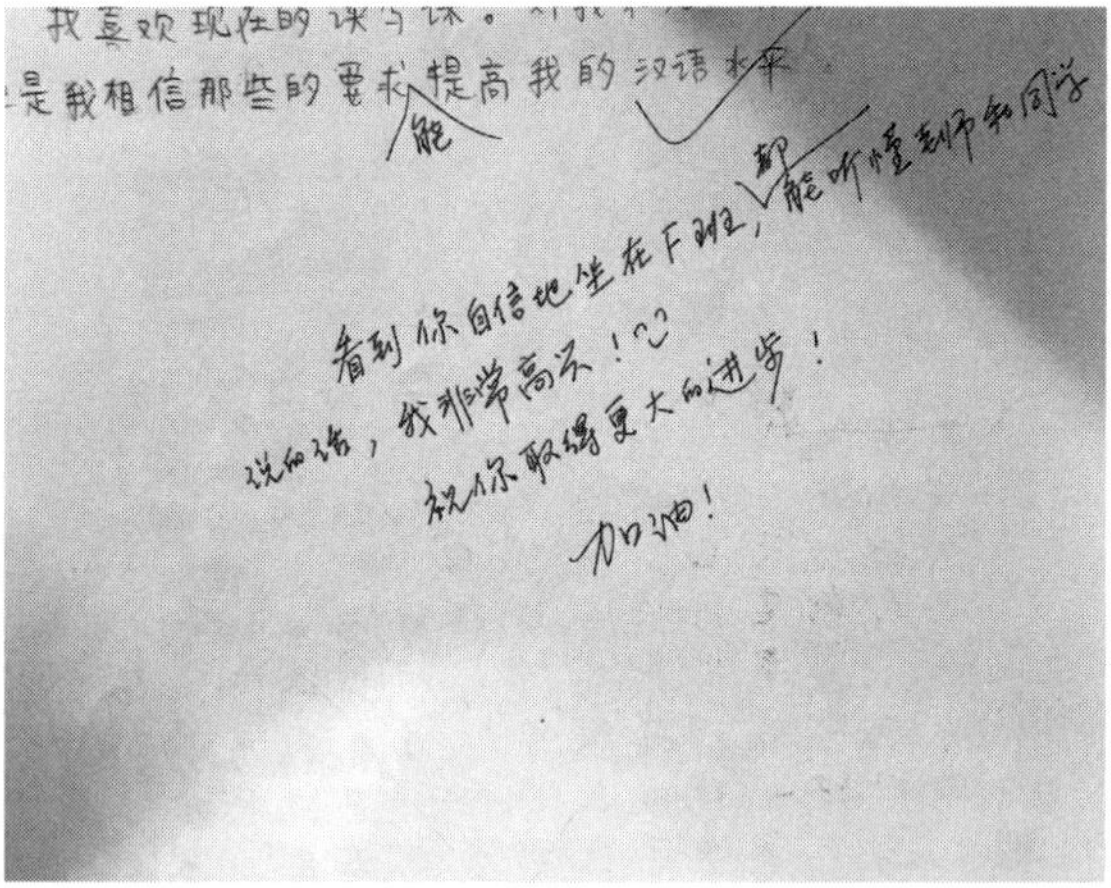

テストの答案用紙に書かれた先生がくれたあたたかいメッセージ

けてもらいながら、必死に授業に食らいついていた。

授業が始まって一週間が経とうとしていた日、私は授業で書いた作文を不安でいっぱいの中、勇気を振り絞って先生に添削をお願いしに行った。そこで先生が私の作文を見て「あなたこの単語違うわよ。このクラスの授業は難しいんじゃない？」と聞いてきた。その瞬間なぜか涙が溢れ出てしまった。授業を淡々とこなしているように見え、かつ他の先生よりも要求してくるレベルが高い先生だと思い込んでいたこともあったのか、その先生の言葉はとてもストレートで冷たい言い方に聞こえてしまった。次の学期もいるのなら、今はクラスを下げて来学期挑戦すれば良い。と言われクラスを下げることになった。なぜあんなに厳しい言い方をするのだろう。怖いなあ、という思いを抱えながらもクラスを下げて、新しい環境での中国語の学習が始まった。ほかの国の留学生に比べて総合的にレベルが低いと感じた私は、そこから半年間、友人や先生の話す中国語の真似をしたり、夏休みには帰国をせずに交流会に毎週参加をして中国人とのマンツーマンでの会話練習をしたりした。

そしてまた新しい学期が始まり、クラスが上がった私には大きな不安要素が一つあった。それは半年前の、あの先生のことだった。また聞き取れずに、発言もできずに授業についていくことが出来なかったらどうしようととても不安だった。しかし授業が始まってみると、半年前とは全く違う先生の中国語が私の耳に、心にすっと入ってきた。だが授業についていくことが出来る喜び以上に嬉しかったことがあった。それは、怖く、冷たく厳しいと思っていたあの先生が、実は誰よりも授業に対して熱意があり、学生思いだということに私自身気付くことが出来たことだ。半年前は一割しか理解していなかった先生の言葉を、九割十割理解できるようになり、やっと本当の先生を知ることが出来たように感じた。ある日の試験の作文でこれまでの自分の思いを伝えると、返却された私の答案用紙には四行にわたって先生の気持ちが書かれていた。そのコメントを見たとき、半年前とは違う涙が溢れてきた。先生の言葉は私に自信をくれた。中国語を勉強して、中国に来て良かったと心から思うことが出来た。あの日先生の所へ添削を頼みに行っていなければ、半年後の涙はなかったし、一人の中国人の本当の姿、思いを受け取ることが出来なかった。あの答案用紙は私の一生の宝物になった。

大きな違和感から始まり中国を知りたいという思いが、こんなに大切な思い出をくれた。ほかにも書ききれないほどの体験を、思いを普通の大学生にさせてくれた中国に感謝をしている。そして私には生涯の夢が出来た。それは一人でも多くの日本人に本当の中国、中国人を知ってもらうこと。私はこれほど大きな夢をくれた中国が大好きだ。

吉原　萌香（よしはら　もえか）

福島県出身。二〇一四年福島県立安積黎明高等学校卒業。二〇一七年大東文化大学外国語学部中国語学科に入学。大学一年次に中国語の発音に魅力を感じ猛練習を重ね、第三五回全日本中国語スピーチコンテスト全国大会（朗読部門）にて最優秀賞、孔子学院賞を受賞。大学三年次に北京外国語大学で一年間の語学留学を経験。

日中平和友好条約締結45周年記念

中国留学物語《エピソード》

2023年3月25日　初版第1刷発行
編　者　本書編集委員会
発行者　日本僑報社
高等教育出版社
発売所　日本僑報社
〒171-0021 東京都豊島区西池袋3-17-15
TEL03-5956-2808　FAX03-5956-2809
info@duan.jp
http://jp.duan.jp
e-shop「Duan books」
https://duanbooks.myshopify.com/

Printed in Japan. ISBN 978-4-86185-301-2

日本僑報社　書籍のご案内

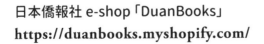